Mathias Wais

»Erzähl mir von der Zukunft, Opa«

Über Möglichkeiten, Unmöglichkeiten und Überraschungen des Alters

GESUNDHEITSPFLEGE
initiativ

Bibliografische Information der Deutschen Bibliothek
Die Deutsche Bibliothek verzeichnet diese Publikation in der Deutschen Nationalbibliografie; detaillierte bibliografische Daten sind im Internet über <http://dnb.ddb.de> abrufbar.

Gedruckt auf umweltfreundlichem,
chlorfrei gebleichtem Papier

Esslingen 2013

Umschlaggestaltung, Grafiken, Satz:
PRmed-Consulting, Esslingen

Druck: Druckerei Steinmeier, Deiningen

ISBN 978-3-932161-82-7

Vorrede des Herausgebers

Mit Verlaub, liebe Leserin, lieber Leser: Wie alt sind Sie? Wenn Sie zur *Generation 50 Plus* gehören, haben Sie sich wahrscheinlich schon mal Gedanken gemacht über den anstehenden Ruhestand. Vielleicht mit dem Tenor *Da kann ich endlich mal …*, oder, in bangeren Stunden, *Was soll ich dann bloß machen? Hol ich mir ein großes Kreuzworträtselheft und einen Kasten Bier …?*

Stöbern Sie in diesem Buch und Sie werden Lust auf den Ruhestand bekommen. Es räumt auf mit dem heute gängigen Bild, wonach das Alter per se eine Problemphase ist. Vielmehr erscheint das Alter in diesem Buch als eine höchst interessante Lebensphase, die sich aufspannt zwischen neuen, unvermuteten Freiheiten und, ja, das auch, neuen Einschränkungen. Ob Sie Ihre Ruhestandsphase detailliert planen oder ob Sie diese Zeit einfach auf sich zukommen lassen wollen – Sie werden überrascht sein, wie groß der Gestaltungsspielraum sein kann. Planen Sie ruhig, aber seien Sie offen für überraschende Wendungen.

Mathias Wais entwickelt hier seine These vom Alter als der freiesten und offensten Lebensphase anhand von zwölf exemplarischen Lebensläufen mit je drei Varianten, wie es im Alter weitergehen könnte. Dabei setzt er konsequent seine Auffassung um, dass über Biographisches heute nur erzählend geschrieben werden kann. Nur so könne man der Individualität gerecht werden.
Ausgehend von seiner umfangreichen Erfahrung in der Biographieberatung webt er anders und neu zusammen, was ihm die heutige biographische Wirklichkeit zeigt. Alles in diesem Buch ist erfunden und doch ist nichts ausgedacht.

Möge das Buch Unruhe stiften für den Ruhestand. Lassen Sie sich anregen, ihre eigenen Ruhestandsszenarien zu entwickeln. Sie werden neugierig werden auf Ihr Alter.

Joachim E. Keding
Esslingen, April 2013

Emily´s Bitte

»Opa, erzählst du mir von der Zukunft, vom Alter?« Emily, Opa Theos Enkelin, studiert Psychologie. Sie arbeitet gerade an ihrer Abschlußarbeit für den Magister. Sie hat sich auf Gerontopsychologie spezialisiert. Als Thema für ihre MA-Arbeit hat sie gewählt *Biographische Zukunftsentwürfe und Möglichkeiten der Generation 50 Plus.* Sie hat dafür zwölf Personen im Alter zwischen 50 und 65 Jahren interviewt – über ihr bisheriges Leben und über ihre Vorstellungen, ihre Erwartungen und Befürchtungen zu ihrem Alter, ihrer Zukunft im Ruhestand.

»Die einen haben Pläne, andere haben Befürchtungen, und einige wollen es auf sich zukommen lassen«, berichtet Emily. »Ich versuche, mir ihre Zukunft vorzustellen.«

»Ich glaube«, sagt Opa, »es gibt immer verschiedene Möglichkeiten, wie man seine Alterszeit leben kann. *Das* Alter gibt es gar nicht.«

»Und wenn man krank wird – Arthrose, Demenz, Hüftleiden, Herzbeschwerden …?«, wendet Emily ein, »dann gibt es ja wohl nicht so viele Möglichkeiten«.

»Doch. Es gibt dann immer noch verschiedene Möglichkeiten, damit umzugehen.«

Opa Theo wird etwas unruhig, wenn nicht ungehalten. »Und außerdem, Alter besteht doch nicht automatisch aus Krankheit, Einschränkungen und Pflegebedürftigkeit. Es sind 10 bis 15 % der Alten, die wegen körperlichem oder geistigem Abbau betreuungs- oder pflegebedürftig werden. Es ist also, meine Liebe, eine Minderheit.«

»Aber der Demographiewandel, es gibt doch prozentual immer mehr Alte.«

»Das wird so sein. Und zweifellos macht es Sinn, dass Politik und Gesellschaft – und ihr Psychologen natürlich – sich mit diesem Wandel auseinandersetzen. Trotzdem, mich ärgert das manchmal, es entsteht ein Bild vom Alter, als seien alle Alten tüttelig oder nicht mehr ganz richtig im Kopf.«

»Demenz nennt man das, Opa.«

»Soll ich dir mal was von grenzdementen Politikern erzählen, die ….«

»Opa, lass mal. Das gehört jetzt nicht hierher.«

Opa Theo steht auf, geht einmal um den Couchtisch, setzt sich wieder. Emily kennt das. Das macht Opa immer so, um sich zu beruhigen, wenn er in Gefahr ist, sich aufzuregen.

»Laß uns lieber überlegen, wie es weitergehen könnte mit den Biographien der zwölf Leute, die ich interviewt habe.«

»Hast du sie denn nicht selbst gefragt?«

»Schon. Ich war aber auch etwas überrascht, wie selten Phantasie bei meiner Frage entwickelt wurde.«

»Gut, dann versuchen wir mal, dem abzuhelfen. Es gibt schließlich für jedes Leben immer verschiedene Möglichkeiten, wie es weitergehen kann.«

»Da bin ich neugierig.«

»Wer ist denn dein erster Kandidat?«

1

Herr K., Bankangestellter

»Es ist Herr K. aus W.. Er ...«

»Der Kroninger aus Wuppertal? Den kenn ich.«

»Opa! Den kennst du nicht! Das ist doch anonymisiert.«

»Da sind wir ja mitten im Thema: der anonyme Alte. Zwar kennt ihn keiner, aber jeder macht sich zuständige Vorstellungen, wie er drauf ist.«

»Kann ich jetzt ...?«

»Bitte.«

»Herr K. ist jetzt 52. Er ist Bankangestellter. Er ist verheiratet. Er hat zwei inzwischen erwachsene Kinder. Er war schon immer Bankangestellter. Gleich nach der Mittleren Reife hat er damals eine Banklehre gemacht bei der Kreissparkasse. Hat damals schon Datenverarbeitung gelernt, sich ins Kreditwesen reingekniet, Beurteilen von Sicherheiten und so was. Vermögensanlagen ... Bereits zwei Jahre nach

Abschluß seiner Lehre hat man ihm eine verantwortliche Stelle in der Hauptverwaltung angeboten. Er scheint also ganz gut und engagiert gearbeitet zu haben. Er wollte aber nicht dorthin, sagt er. Er wollte lieber bleiben. Im Chor, wo er schon seit seiner Schulzeit Mitglied ist, hatte er bereits seine spätere Frau kennen gelernt. Und überhaupt, sagt er, hätte er sich in seiner kleinen Stadt wohlgefühlt. Um in der Hauptverwaltung zu arbeiten, hätte er entweder in die Großstadt umziehen oder sich darauf einlassen müssen, jeden Tag zwei mal 40 Kilometer zu fahren. Außerdem schätzte er den Publikumsverkehr am Schalter. Das hätte er in der Hauptverwaltung nicht gehabt. 15 Jahre später ist er dann Filialleiter in eben der Bank geworden, in der er schon gelernt hatte.
Er singt immer noch im Chor. Ich hatte übrigens den Eindruck, dass er sehr umweltbewußt lebt. Dass er die weite Fahrt zur Hauptverwaltung nicht wollte, hatte wohl auch damit zu tun…«

»Hast du ihn zu Hause besucht oder in der Uni mit ihm gesprochen?«

»Erst trafen wir uns in seinem Büro in der Sparkasse, dann beim zweiten Mal bei ihm zu Hause.«

»Was hattest du da für einen Eindruck?«

Emily zögert etwas. »Ich mag Klischees nicht.«

»Aber ich«, sagt Opa Theo, »sie sind so herrlich falsch.«

»Schon. Aber es wirkte eben alles superkorrekt auf mich. Wie man sich das bei einem Bankangestellten vorstellt.«

Opa zieht an seiner Zigarette und sieht den Rauchringen nach. »Also ein sehr geradliniger Lebenslauf. Na, Hauptsache, er ist zufrieden.«

»Ja, den Eindruck hatte ich.«

»Keine Höhen? Keine Tiefen?«

»Doch, auch. Sein Sohn kam mit einer Herzschwäche auf die Welt. Ich hab den medizinischen Begriff vergessen. Jedenfalls erzählte er von den Sorgen der Eltern damals, von langwierigen Behandlungen.« Emily hält kurz inne. »Mir sind übrigens die vielen Bildbände über andere Länder aufgefallen. Und seine Augen leuchteten kurz auf, als ich ihn darauf ansprach. Er war fast verlegen an dieser Stelle des Gesprächs. Sonst wirkte er aber eher zurückhaltend auf mich.«

»Wie stellt er sich denn nun selbst sein Alter vor?«

»Eigentlich genau so wie sein bisheriges Leben, nur eben ohne Arbeit. Er hat natürlich finanziell gut vorgesorgt mit einer privaten Rente und einem Sparbuch. Ich glaube, die damalige Herzschwäche bei seinem Sohn hängt ihm immer noch nach, obwohl der Sohn längst gesund ist. Er sagte, er wolle in seinem Alter *in Maßen* Sport machen, fürs Herz.«

»Na, da kann er sich ja schon mal bei der Senioren-Wassergymnastik im Hallenbad anmelden.«

»Und er stellt sich vor, Zeit zu haben zum Lesen, für Spaziergänge. Und im Chor will er weiterhin mitsingen.«

»Das wird ein Nervenkitzel.«

»Sei nicht so gemein, Opa. Ich versuche, mir einfach vorzustellen, wie seine Biographie weitergehen könnte«, sagt Emily.

Eine erste Option

»Greifen wir doch erst mal seine eigene Vorstellung auf. Seine Zukunft ist demnach eine Fortschreibung seiner Vergangenheit. Wenn das für ihn gut ist, ist es gut. Trotzdem, ich stelle mir vor, dass er am Anfang seines Ruhestandes etwas ratlos sein wird. Wird er die Befreiung von der Arbeit, von den täglichen Pflichten, genießen können? Du schilderst ihn nicht gerade als Genießer. Er wird es wahrscheinlich gar nicht als Befreiung erleben. Erst mal, so vermute ich, wird da etwas fehlen. Dann fängt er an, Bücher zu lesen, die er früher schon mal gelesen hat. Was liest er gerne, weißt du das?«

»Nicht genau. Aber wie gesagt, da waren die Bildbände.«

»Nehmen wir mal an, er wird Reiseberichte lesen. Oder zumindest in der Zeitung ausführlich die Nachrichten und Artikel über ferne Länder lesen. Vielleicht leistet er sich eine umfangreiche Wochenzeitung. Und, falls er Bücher liest, holt er sie aus der Bibliothek. Warum nicht, wenn man damit Geld sparen kann. – Was macht er abends? Ich könnte wetten, er kreuzt sich morgens in der Tageszeitung an, was er abends im TV sehen möchte.«

»Ach, Opa. Du machst ja einen Spießer aus ihm.«

»Wart´s ab, bis wir zur zweiten Option kommen. In dieser ersten Variante behält er jedenfalls eine gewisse Vorsicht, wenn nicht Ängstlichkeit. Nach ein paar Monaten fängt er an, beim Lesen seinen Herzschlag zu beobachten. Wie es schlägt, schnell oder langsam, heftig oder sanft. Er macht sich Gedanken darüber. Schlägt es vielleicht manchmal zu langsam? Er geht zum Arzt. Der kann nichts finden. Blutdruck etc. – alles normal. Herr K. beruhigt sich wieder. Nach einiger Zeit fällt seiner Frau auf, dass er sich am Tisch festhält, wenn er aufsteht. Als sei er unsicher, dass er richtig zum Stehen kommt. Er geht zum Arzt. Der fordert ihn auf, täglich etwas Gymnastik zu machen oder Yoga oder so etwas. Yoga ist ihm zu exotisch. Er kauft sich ein Fahrrad. *Leiste dir mal was*, hat seine Frau gesagt. Jeden Morgen fährt er eine Stunde raus ins Grüne. Einmal verfährt er sich, findet sich in einem engen Waldweg wieder. Es ist ihm etwas mulmig. Die Gegend kennt er gar nicht. Er stürzt über eine Baumwurzel. Ein paar Stauchungen und Schürfungen. Es ist nichts Schlimmes passiert. Nachdem er auf Umwegen, das Fahrrad schiebend, dann doch wieder nach Hause findet, legt er sich aufs Sofa, fühlt sein Herz. Es rast. Er geht zum Arzt. Der empfiehlt ihm regelmäßige Bewegung im Warmwasser-Becken des Hallenbads, damit die Verstauchungen sich auflösen...«

»Also doch Senioren-Gymnastik im Schwimmbecken ...«

»Sag ich ja. Herr K. hat jetzt ein Projekt: den Erhalt seiner Gesundheit. Das Fahrrad benutzt er nur noch zum Brötchenholen. Im Warmwasser-Becken macht er zwei Mal die Woche vorsichtige Bewegungen.
In einem Artikel in der Apotheken-Umschau liest er von pflanzlichen Medikamenten, die dem Herzversagen vorbeugen. Die kauft er sich. Er nimmt sie regelmäßig und gewissenhaft ein. Drei mal eine. Derselbe Hersteller bietet auch Kapseln zur Vorbeugung gegen Gelenkverschleiß an. Wie war das noch: Hatte ihn nicht seine Frau gefragt, weshalb er sich beim Aufstehen am Tisch festhalte? Womöglich die Ge-

lenke! Er besorgt sich die Kapseln. Auch dreimal eine. Die Kapseln führen allerdings zu vermehrtem Harndrang, steht im Beipackzettel. Nun, es gibt schließlich, auch wieder vom gleichen Hersteller, pflanzliche Medikamente, die die Blase stärken.«

»Ist jetzt gut, Opa. Du meinst, er macht sich selbst zum Kranken?«

»Es gibt solche. Wenn sie die Zeitung durch haben, triffst du sie beim Arzt.«

»Du entwickelst das zu einseitig.«

»Zugegeben. Aber eine Möglichkeit ist es, dass sich sein Leben im Alter so oder ähnlich darstellt. Hat er eigentlich Enkelkinder?«

»Nein, noch nicht.«

»Also nehmen wir in dieser Variante an, er hat auch im Alter keine. Der Ärmste ...«

»Danke.«

»... und also auch nicht die Anregungen, die das mit sich bringen würde. Gut, er hat den Chor. Welche Kontaktmöglichkeiten mag er sonst noch haben?«

»Er erwähnte Verwandtschaft.«

»Also gut. Es gibt gegenseitige Verwandtschaftsbesuche. Zu den Geburtstagen, dann auch mal zur Goldenen Hochzeit von Tante Erni und Onkel Heinz.

Man erzählt sich gegenseitig, was man seit dem letzten Zusammentreffen erlebt hat: Der Schwager hat eine Prostata-Operation hinter sich. Ein Neffe brauchte einen neuen Querlenker für sein Auto.
Kurzum, diese Variante könnte man einen geschlossenen Lebenslauf nennen.«

»Wenn nicht einen eingeschlossenen, so einseitig, wie du das zeichnest.« Emily tut Herr K. jetzt leid, »eingeschlossen in sich selbst.«

»Kann man so sehen. Aber wenn der Betreffende doch damit zufrieden ist? Und außerdem: Man kann einen Menschen nie abschließend beurteilen....«

»... sagte Großvater ...«

»... deshalb, lass uns mal auf Variante zwei gehen: Derselbe Herr K., derselbe Lebenslauf, der aber seit der Berentung einen ganz anderen Einschlag bekommt.«

Eine zweite Option

Emily hat den Eindruck, dass Opa jetzt etwas müde ist.

»Pause?«

»Lass uns erst noch die Variante zwei ansehen. Danach vertagen wir uns auf nächste Woche. Für diese zweite Variante greifen wir Herrn K.´s offenbar etwas verstohlene Sehnsucht nach fernen Ländern auf. Wir stellen uns vor, schon wenige Wochen nach Beginn seines Ruhestandes geht er eines vormittags, er hat die Zeitung gründlich durchgelesen, zu seinem Bücherschrank. Was könnte er denn jetzt lesen? Da fällt sein Blick auf die Bildbände, von denen du erzählt hast. Hattest du nicht gesagt, da war ein Leuchten in seinen Augen? Also, er nimmt sich den Band über Kanada heraus. Schöne Bilder in Großformat von den Tundren, den Urwäldern dort, den Flüssen, von Elchen und Bisons. Seine Frau muß ihn heute zwei Mal zum Mittagessen rufen. In dieser Nacht schläft er schlecht. Die Bilder gehen ihm durch den Kopf. Beim Frühstück sieht er seine Frau lange an, ebenso eindringlich wie leicht abwesend. *Was hast du?* fragt sie. *Kanada,* sagt er. Er sagt nur *Kanada.* – *Was ist damit?*, fragt sie, während sie ihm den Kaffee einschenkt. *Kanada – morgens in der Hütte den heißen Kaffee trinken. Dann loswandern, am Fluß entlang....* - *Walter!* ruft sie, leicht erschrocken, *Was ist los mit dir?*«

»Er heißt nicht Walter, ist aber egal«, sagt Emily.

»Der Kroninger aus Wuppertal heißt aber Walter. Jedenfalls: Er hat jetzt dieses Leuchten in den Augen. *Kanada,* sagt er noch mal, langsam. Am Nachmittag stöbert er im Internet nach Kanada-Reisen. Aber er ist natürlich ein besonnener Mensch. Erst mal überlegen und nachrechnen. Er hat Einiges angespart, das er im Moment nicht braucht – immerhin bekommt er zur staatlichen Rente eine private noch dazu. Die Kinder stehen finanziell auf eigenen Beinen. Enkelkinder gibt es nicht, haben wir gesagt. Ja, ich glaube, jetzt empfindet er auf einmal den Ruhestand als Befreiung. Ihm wird fast schwindelig bei der Vorstellung: Alles ist möglich! Warum also nicht nach Kanada reisen? Und er schaudert selbst, als er dabei denkt: *ob Hilde mitfliegt oder nicht.*«

»Seine Frau heißt nicht Hilde.«

»Egal. Die Frau von Walter Kroninger aus Wuppertal heißt aber so. Er holt sich aus der Bibliothek Reisebücher über Kanada. Die Sache nimmt Form an. Seine Hilde« – Emily seufzt – »ist entsetzt. So kennt sie ihren Walter nicht.
Beim nächsten Chorabend ist Herr K. ungewohnt gesprächig. Wie, um es noch mehr Wirklichkeit werden zu lassen, erzählt er von seinen Plänen, nach Kanada zu reisen. *Und zwar,* fügt er hintergründig hinzu, *für länger.*
Er geht zur Bank, seiner Bank, in der er 47 Jahre gearbeitet hat und bei der er natürlich auch sein Festgeldkonto führt. Man kennt ihn kaum wieder, so in dieser aufgeräumten Stimmung. Er nimmt eine größere Summe von seinem Sparkonto. Das bißchen Zinsverlust stört ihn jetzt nicht. Früher hätte er jedem Kunden davon abgeraten.

Sprung: Sechs Wochen später sitzen Walter und Hilde mit drei anderen Ehepaaren in einer Hütte am Wabasca-River, jeder einen Pott heißen Kaffee in der Hand. Und - lass mich spekulieren …«

»Das tust du ja schon.«

»… sie gehen auf eine Foto-Wanderung, am Fluß entlang, seltene Sumpfpflanzen fotographieren. Erst am späten Abend erreichen sie die nächste Hütte. Müde, aber glücklich.
Ein Jahr später fliegt er wieder hin. Er hat inzwischen jede Menge über Kanada gelesen. Diesmal will er länger bleiben und hat sich deshalb bei einer Animal-Watch-Organisation angemeldet, um im Wood-Buffalo-Nationalpark Nashorn-Pelikane zu zählen.
Eines Morgens, wieder zuhause, ist es Hilde, die mit einem Leuchten in den Augen sagt *Und wie wär´s mit Australien*?«

»Ein Happy End?«

»Vielleicht. Jedenfalls eine glückliche Zeit, ungeplant, unvorhergesehen.
So, und Variante drei gehen wir nächsten Samstag durch.«

Eine dritte Option

Als Emily am Samstag kommt, läuft noch die Sportschau. Auf dem Couchtisch liegt ein Gedichtband von Hölderlin. »Aha, du liest also auch die Bücher von früher noch mal,« sagt sie augenzwinkernd.

»Mädchen, es handelt sich einfach darum: im Alter ist alles möglich. Mal von den schlechten Augen abgesehen. Mußte mir eine Leselupe anschaffen.«

Nach der Sportschau, Opas Favorit hat verloren, steht er auf, geht um den Couchtisch, setzt sich, zündet sich eine Zigarette an.

»Also, damit die Statistik stimmt und weil es eben auch zur Wirklichkeit gehört, zeigen sich in Variante drei bei Herrn K. schon vor seinem Ruhestand erste besorgniserregende Anzeichen: Zuhause fällt seiner Frau auf ...«

»... der Hilde ...«

»... ja, der Hilde, dass ihr Mann Dinge verlegt oder vielmehr falsch ablegt. Im Kühlschrank findet sie den Autoschlüssel. Einmal kann sie ihn gerade noch davon abhalten, seine Krawatte in der Vitrine mit den Weingläsern abzulegen. Immer öfter sucht er irgendetwas, seinen Kalender zum Beispiel, dann ist sein Brillenetui verschwunden. Nach Tagen findet sie es hinter dem Gewürzregal.

Seinen Kollegen fallen komische Berechnungsfehler auf. Etwas ärgerlich fragt er zum Beispiel eine junge Kollegin, wieso eigentlich der Zinssatz für Kredite so niedrig liege. Warum man ihm das nicht gesagt habe. Er hatte sich um ein Komma vertan. Immerhin fiel ihm so etwas zuerst noch selbst auf. Als er und seine Frau anläßlich seines 45-jährigen Dienstjubiläums zum Griechen gehen – die Rechnung beläuft sich auf 52 Euro –, gibt er dem Kellner einen Hunderter und sagt *Stimmt so.* Frau K. kann die Peinlichkeit noch retten.

Morgens braucht Herr K. immer länger, bis er angezogen ist. Er zieht den Pullover verkehrt herum an, hat das Gefühl, dass etwas nicht stimmt, und schimpft: *Der Pullover ist bei der Wäsche eingegangen.* Wenige Wochen später zieht er beide Socken über den gleichen Fuß. Das Hemd wird falsch zugeknöpft. Seine frühere Sanftheit wird immer öfter unterbrochen von einer gereizten Stimmung. *Wieso habt ihr den Lichtschalter auf der anderen Seite der Tür angebracht?,* ruft er aus dem Badezimmer. Hilde ist erschrocken: *Wer ist 'ihr'?*

Eines Abends kommt er zur gewohnten Zeit nicht nach Hause. Hilde macht sich Sorgen, ruft einen Kollegen von ihm an. Der weiß nichts, sagt aber, am Nachmittag sei K. wie abwesend gewesen. Um 20 Uhr ruft K. an: Wieso sie ihn da hin geschickt habe? *–Wohin? – In meine alte Schule! Was soll ich da?.*

Hilde holt ihn ab.
Auf Betreiben von Hilde gehen beide zum Hausarzt. Der sagt nicht viel, verschreibt aber ein Mittel zur Bekämpfung von geistigen Leistungseinbußen. Als K. eines Tages im Bademantel zur Arbeit gehen will, weiß seine Frau, woran sie ist. Sie findet eine Anlaufstelle für Angehörige von Demenzkranken. Sie bekommt einige nützliche Hinweise zum Umgang mit der Krankenkasse, zur Frage der Beantragung einer Pflegestufe usw. Im gleichen Haus trifft sich eine Angehörigen-Selbsthilfegruppe. Da geht sie nur einmal hin: Dort gibt es nur Schauergeschichten zu hören. Als sie von dem Abend zurückkehrt, hat K. in den Holzofen gepinkelt.«

»Ich kenne das Krankheitsbild«, sagt Emily. »Von der neuen Freiheit des Alters und seinen Möglichkeiten ist bei dieser Variante aber nicht viel übrig.«

»Stimmt. Eine solche Entwicklung ist das Gegenteil von Freiheit.«

»Und was sagt uns das über das Alter?«

»Nichts. Das ist es eben. Wenn ein Kind mit einer körperlichen oder geistigen Behinderung auf die Welt kommt, sagt das auch nichts darüber, was Kindheit ist. Dass manchmal ein Flugzeug abstürzt, schlimm genug, sagt nichts über die Idee des Fliegens mit Maschinen. Dass sich Menschen gegenseitig umbringen, sagt nichts über das Ideal der Menschlichkeit.

Allenfalls dies, dass es eben ein Ideal ist. In dem Moment, da eine Idee oder ein Ideal zu hundert Prozent Wirklichkeit geworden wäre, ist es keine Idee oder kein Ideal mehr. Es ist dann kein Ziel mehr, kein Ansporn.«

»Spielen in deinem Lieblingsverein jetzt ein paar Neu-Platoniker?«

»Frechheit ist nicht das Privileg der Jugend.«

»Okay. Entschuldigung.«

»Worauf ich hinaus möchte: Die Einschränkungen des Alters, ob sie so extrem sind wie bei einer Demenz, oder ob es sich um ein paar Zipperlein handelt, widerlegen nicht die Idee, dass das Alter der Möglichkeit nach die freieste Lebensphase ist. Dass unter solchen Widrigkeiten diese Freiheit nur noch zum Teil oder, wie bei der Alzheimer-Erkrankung, gar nicht mehr ergriffen werden kann, darf ja nicht heißen, dass diejenigen, die noch die Möglichkeiten dazu haben, es nicht versuchen sollten, das mit der Freiheit.«

»Von mir aus. Aber wie könnte es mit K. weitergehen – oder besser: zuende gehen?«

»Anfangs wird er zunehmend verzweifelt sein. Er wird vielleicht Momente von Krankheitseinsicht haben, wie ihr Psychologen sagt. Dann wird er immer mehr die Orientierung verlieren. Er wird vielleicht

ein feindliches, gegen ihn gerichtetes Spiel vermuten, in dem alle Bedeutungen verrückt oder verloren sind. Er wird sich phasenweise wie in einem Alptraum vorkommen. Später, wenn er auch die Bedeutung der Worte nicht mehr richtig versteht, wird er aufhören zu sprechen. Und zum Schluß machen auch seine Reflexe nicht mehr das, wozu sie da sind. Künstliche Ernährung kann notwendig werden.
Aber noch mal zu deiner Frage, wie man angesichts solcher tragischen Entwicklungen von der Freiheit des Alters sprechen kann. Könnte man Demenz als eine leerlaufende, ins Leere laufende Freiheit sehen, eine Freiheit des Wahrnehmens und Denkens, die sich selbständig gemacht hat, die weder von der Realität noch von einem intakten Ich gehalten und gestaltet ist?«

»Hm. Wem soll das nützen?«

»Vielleicht doch dem Bild vom Alter. Jedes Bild hat ein Gegenbild, ein Zerrbild. Wenn man die Demenz als Zerrbild der Freiheit des Alters sieht …«

»… dann würde deine These stimmen, dass Freiheit *das* Thema des Alters ist. Man kann deine These mutig nennen, aber auch gewagt, finde ich. Lass uns erst mal einen Tee trinken.«

2

Herr M., Oberarzt

Als Emily kommt, ist Opa Theo am Fluchen. »Ich versuche hier, mit dem dämlichen Handy dem Norbert ein Foto zu schicken. Das verdammte Ding macht es aber nicht.« Opa hat das neu gepflanzte Quittenbäumchen in seinem Vorgarten fotografiert. Norbert, der schließlich mal leidenschaftlicher Kleingärtner war, sollte sagen, welche Art von Quitte das ist.

»Zeig mal her«, sagt Emily. Mit drei Klicks hat sie das Foto abgeschickt. »Hast du gesehen, wie´s geht?«

»Nein.«

Emily erklärt Opa, dass an seinem Handy zuerst die MMS-Funktion aktiviert werden muß und dann erst das Foto hochgeladen werden kann. »Verstehst du?«

»Nein.« Opa legt das Handy auf die Kommode. »So ist das heute. Früher haben die Alten den Jungen die Welt erklärt, heute erklären die Jungen den Alten, wie sie sich dreht. Der Unterschied ist nur, dass die das damals verstanden haben, wir Greise es aber nicht verstehen.«

»Kein Selbstmitleid, Opa.«

Opas Handy klingelt. Norbert ruft an. Er kann das Bild nicht öffnen. Opa hält Emily das Handy hin.

»Erklär ihm das mal.« Nach einigem Hin und Her legen Norbert und Emily auf.

»Meine Ferndiagnose«, sagt Emily, »ist, dass dein Freund Norbert ein Handy aus der Steinzeit hat. Es ist nicht bildfähig.«

Opa ruft Norbert an, ihn zu trösten. Emily hört zu. »Es ist wunderbar, dir zuzuhören, wie du deinem Freund etwas erklärst ...«

» ... das ich selber nicht verstehe, möchtest du sagen?« Emily lacht.

Opa gibt einen gespielten Seufzer ab.

»Um wen geht es heute?«

»Um Herrn M., Oberarzt am katholischen Krankenhaus, innere Abteilung. Das Interview mit ihm war sehr stressig, für mich zumindest. Ich kam mir erst vor wie auf einem Familiengeburtstag. Herr M. saß auf einer Couch, einen Teller mit Kuchen auf seinen Knien. Zu seinen Füßen spielten zwei kleine Kinder. Am Tisch diskutierten bei einem Sherry seine Frau mit seiner, wie sich dann herausstellte, Schwägerin. Am PC saßen zwei Halbwüchsige und spielten *Pirate Storm*. Vor dem Fernseher hockten zwei Mädchen und sahen sich einen Zeichentrickfilm an. Zwei Labradore spielten augenscheinlich Räuber und Gendarm quer durch alle Räume. Die Situation stellte hohe Anforderungen an meine Konzentrationsfähigkeit.

Also: Herr M. stand zum Zeitpunkt des Interviews bereits kurz vor der Pensionierung. Die Ehefrau ist die Ehefrau Nummer drei. Die erste Ehe sei schon nach wenigen Monaten gescheitert und sei kinderlos geblieben. Er habe damals als Assistenzarzt bis zu 18 Stunden am Stück zu arbeiten gehabt, sei meist völlig erschöpft nachhause gekommen, eigentlich nur noch zum Schlafen. Die Frau habe sich die Ehe wohl anders vorgestellt. Seine zweite Frau habe er erst Jahre später getroffen. Sie war Intensiv-Schwester. Der eine Junge am PC und eins der Mädchen vor dem Fernseher stammten aus dieser Ehe. Dass auch diese Ehe in die Brüche gegangen sei, gehe wohl ebenfalls auf sein Konto. Das Krankenhauspersonal bestehe schließlich zu 80% aus Frauen, und zwar aus jungen Frauen, sagt er ganz trocken. Seine jetzige Frau, mit der er die beiden Kleinen hat, war mal seine Nachbarin. Das zweite Mädchen vor dem Fernseher und der andere Junge habe sie mit in die Ehe gebracht.

Für Herrn M. schien der Trubel ganz normal zu sein.

Er sei noch in einer richtigen Großfamilie aufgewachsen auf dem Land. Nicht nur hätten dort drei Generationen zusammengelebt, sondern auch noch eine Schwester der Mutter mit ihren Kindern, nachdem deren Mann früh gestorben sei. Das Mittagessen für die Kinder hätten die Frauen abwechselnd gekocht, beim Abendessen seien immer alle zusammengekommen. Der Landwirtschaftsbetrieb sei schon länger stillgelegt gewesen. Die Erwachsenen, außer der Oma, seien arbeiten gegangen. Er habe sich ein Zimmer mit seinem Cousin geteilt. Er sei eigentlich nie alleine gewesen. Aber er habe das auch nicht vermißt. Es sei normal gewesen, so wie es gewesen sei. Sein Vater war Dorfarzt, seine Mutter arbeitete halbtags in der Gemeindeverwaltung. Er sehe seine Kindheit aus heutiger Sicht als sehr frei an. Das sei ihm aber erst später bewußt geworden. Die Erwachsenen hätten die Kinder weitgehend in Ruhe gelassen. Die hätten sich gegenseitig erzogen, zusammen mit den anderen Kindern im Dorf. Heute sei das einzelne Kind ständig von Erwachsenen umstellt, die irgendetwas von ihm wollen, es ermahnen, es herumkommandieren, mit ihm über etwas so lange diskutieren wollen, bis es die gleiche Auffassung wie der Erwachsene hat.
Hier knüpft auch gleich sein Altersplan an, jedenfalls einer seiner zahlreichen Pläne fürs Alter: Er will mit Frau, Kindern und Stiefkindern in ein Mehrge-

nerationen-Wohnprojekt einsteigen. Erste Kontakte hatte er schon geknüpft, als ich ihn interviewte. Ansonsten hat er offenbar jede Menge Pläne für die Zeit seiner Pensionierung. So wolle er endlich und konsequent Sport machen. Dazu komme er ja in seinem Beruf kaum, schon wegen der vielen Bereitschaftsdienste. Weiter plant er, handwerklich zu arbeiten. Früher hätte er kleine Möbel für die Kinder gebaut, einen Kaufladen, einen kleinen Kleiderschrank. Er liebe es, mit Holz zu arbeiten. Im Keller habe er eine voll ausgerüstete Werkstatt. Er benutze sie schon seit Jahren nicht mehr. Das will er also wieder aufgreifen. Drittens schwebt ihm vor, regelmäßig zur Dakar-Rallye zu fliegen, auch wenn die nicht mehr in Afrika stattfindet, sondern seit ein paar Jahren in Südamerika. Rennen hätten ihn schon immer fasziniert. Viertens wolle er sich ein Wohnmobil anschaffen, um auch mal spontan mit der Familie verreisen zu können. Fünftens strebe er eine begrenzte Dozententätigkeit an der Pflegefachschule an, die dem Krankenhaus angegliedert ist. Schließlich wolle er das Klavierspielen wieder aufnehmen, das er immerhin vor ca. 50 Jahren mal gelernt hat.«

»Heißt also, wenn er pensioniert ist, soll sein Leben erst richtig anfangen.«

»Es wirkt jedenfalls so. Obwohl sein bisheriges Leben ja schon ziemlich umtriebig gewesen ist. Man kann das auch athmosphärisch spüren, wenn man bei ihm zuhause ist. Er wirkte auf mich doch etwas getrieben. Aber das scheint sein Normalzustand zu sein.«

Fast wie im Paradies

»Vorschlag: Wir gehen erst eine Option durch, bei der das Mehrgenerationen-Wohnprojekt sich so verwirklichen läßt, wie er sich das vorstellt. Danach sehen wir uns eine zweite Option an, bei der das schief geht. Ich persönlich höre eher vom Mißlingen solcher Gemeinschaftsprojekte.«

»Viele, auch der Staat übrigens, sehen darin die Möglichkeit, mit dem Demographiewandel umzugehen.«

»Kein Wunder, kostet den Staat ja auch weniger als die klassische Altenbetreuung. Der Staat gibt zu solchen Projekten ein Zuschüßlein, sobald man *Mehrgenerationen-Wohnprojekt* auf die Fahne schreibt und man annonciert, dass man einen Gemeinschaftsraum einplant. Damit ist der Staat aus der Nummer raus.«

»Deine Skepsis in Ehren. Lass uns trotzdem zunächst ein Szenario entwickeln, bei dem es so kommt, wie Herr M. sich das vorstellt:

Es könnte zum Beispiel schon bald nach meinem Interview ein erstes Treffen von Interessierten geben. Die Kontakte hat er ja schon. Sagen wir, zwei ältere Ehepaare, eine alleinerziehende Mutter mit einem jugendlichen Sohn, eine junge Familie mit gerade eingeschultem Kind und eine veritable Stieffamilie kommen da zusammen, eben Herr M. mit Ehefrau nebst gemeinsamen Kindern und Stief-Kindern. Zunächst treffen sich natürlich die Erwachsenen. Sie organisieren bald ein Fest, auf dem alle Beteiligten, auch die Kinder, sich kennenlernen sollen. Außerdem will man die Presse dazu einladen, um auf das Projekt aufmerksam zu machen. Schließlich braucht man auch das Wohlwollen der Stadt dazu. Der Architekt ist eingeladen.«

»Der Bürgermeister hält eine schöne Rede.«

»Kannst du deine Skepsis jetzt bitte erst mal zurückstellen? Also: Ein Bauplatz ist schon da. Es ist ein Brachgelände, ziemlich zentral gelegen, das im Moment als Parkplatz genutzt wird. Der Architekt setzt sich zunächst mit jeder Partei einzeln zusammen und nimmt ihre Bedürfnisse und Vorstellungen auf. Die Familie von Herrn M. braucht am meisten Raum. Der alleinerziehenden Mutter reicht eine zweieinhalb Zimmer-Wohnung. Ihr Sohn wird ohnehin in absehbarer Zeit ausziehen. Die älteren Ehepaare legen Wert auf große Balkone. In der nächsten Phase

trägt man das alles zusammen. Es kommt ein Doppelhaus heraus, dessen beide Hälften über einen verglasten Flur miteinander verbunden sind. Im Erdgeschoss ist ein Mehrzwecksaal eingeplant, im Keller ein Werkraum.
Nach zwei Jahren ist es soweit. Einzug. Wieder mit einem großen Fest. Man hat sich natürlich bei den vielen Versammlungen bis dahin gut kennengelernt.«

»Und lieben gelernt ...«

»Opa! Als erstes Highlight wird ein kleiner Fuhrpark angeschafft: Alle drei Autos gehören allen.«

»Da kann man sich besonders gut kennenlernen.«

»Lass das jetzt bitte. Du bist später dran. Geburtstage, das Abitur der groß gewordenen Kinder, eine Silberhochzeit - alles wird gemeinsam gefeiert im hauseigenen Saal. Jeder trägt bei, was er kann: Kuchen, Salate, aber auch kleine Aufführungen. Einmal im Monat veranstaltet man einen Film- oder Literaturabend. Man sieht sich gemeinsam einen Film an, man liest sich gegenseitig aus einem neuen Roman vor und diskutiert darüber. Die beiden älteren Ehepaare kümmern sich abwechselnd nachmittags um den Sohn der alleinerziehenden Mutter und das kleine Schulkind. Als sie etwas unbeweglicher werden und nicht mehr Autofahren wollen, kauft zum Beispiel Frau M. oder die junge Frau für die Alten mit ein.
Die Männer treffen sich oft im Werkraum, geben

sich gegenseitig Ratschläge, wie man eine Lautsprecherbox baut, wie man einen Fahrradständer zusammenschweißt.«

»Meine liebe Emily. Bei so viel Idylle werde ich ganz unruhig. Gleich muß ich um den Couchtisch laufen. Es ist mir, als würdest du aus einem Hochglanzprospekt vorlesen. Die Wirklichkeit dürfte anders aussehen.«

»Es gibt immer mehrere Wirklichkeiten, wie mein Großvater manchmal sagt. Außerdem, ist das nicht auch ein Beispiel für die Freiheit im Alter, wenn man nicht einfach da hängen bleibt, wo und wie man schon seit 30 Jahren wohnt, sondern wenn man so selbstbestimmt sein Wohn- und Lebensumfeld selbst gestalten kann?«

Im Vorhof der Hölle

»Solange sich das alles so wunderbar zusammenfügt, sicher. Interessanter wird die Freiheitsfrage, wenn Hindernisse auftreten.«

»Ich sehe schon, jetzt bist du dran.«

»Bleiben wir mal bei deinem Entwurf. Gegenseitige Unterstützung ist ja die Idee bei solchen Projekten. Aber die Kinder ziehen irgendwann aus. Jetzt sind da nur noch Alte. Auch ist es mir sehr die Frage, ob

Teenies und Jugendliche sich nachmittags von den alten Leuten im Haus bespaßen lassen wollen. Was in deiner Prospektrede gar nicht vorkommt, ist die weitere Frage, wer eigentlich für die Organisation und Verwaltung zuständig ist. Gibt es einen Hausmeister? Das würde Geld kosten. Wer schippt, wenn es schneit? Wer ist zuständig bei einer technischen Störung? Wer verwaltet die laufenden Hauskosten? Wer kümmert sich um die Autos, die allen und niemand gehören? Bleiben wir mal nur bei den Autos. Wie wird die Nutzung der Fahrzeuge organisiert? Kann man spontan damit losfahren? Wenn ja, was ist, wenn ein anderer Hausbewohner auch spontan losfahren möchte?
Solche und andere Reibungspunkte, oder besser: Reibungswahrscheinlichkeiten, stehen nicht im Prospekt. Weiter: Will man wirklich jedes Fest mit allen anderen zusammen feiern? Vielleicht möchte man einfach mal in Ruhe an seinem 70. Geburtstag mit drei, vier Freunden ein Gläschen Wein trinken.«

»Ausgangspunkt unseres Szenarios ist Herr M., nicht du, Opa. Er ist ein umtriebiger, geselliger Mensch. Ihm gefällt das. Für ihn ist das die Verwirklichung eines Lebenstraums, die moderne Neuauflage seiner Kindheit.«

»Es ist ihm zu wünschen, dass es so kommt, wie er sich das vorstellt. Was ich höre über solche Projekte, macht mich einfach skeptisch. Das fängt schon damit an, dass viele Mehrgenerationen-Wohnprojekte gar keine Mehrgenerationen-Wohnprojekte sind. Es sind Eingenerationen-Wohnprojekte. Da finden sich, meist etwas betuchtere, Sechzig- oder Fünfundsechzigjährige zusammen. Die werden gemeinsam und gleichzeitig alt werden.«

»Dann holt man eine Pflegerin ins Haus. Man könnte ja von vorneherein eine kleine Wohnung dafür vorsehen.«

»Aber schon im Vorfeld der Pflegebedürftigkeit entstehen doch Probleme: Wenn der eine nicht mehr Schnee schippen kann, kann es der andere bald auch nicht mehr.
Von den zahlreichen Versammlungen in der Projektierungsphase hört man auch wenig Ermunterndes. Die Mehrheit schließt sich zum Beispiel dem Vorschlag des Architekten an, den Aufzug außen am Haus anzubringen. Eine der Parteien will ihn aber im Treppenhaus haben, wodurch dieses viel mehr Raum beanspruchen würde. Gibt es da nicht Streit? Die einen wollen im Innenhof einen Spielplatz für Kinder, den anderen wäre das zu laut. Im Laufe der immer heftiger werdenden Projektdiskussionen springt eine Partei ab, verläßt bei einem Streit wütend den Saal und ward nicht mehr gesehen. Jetzt hat man sich aber schon auf einen Winkelbau mit

sechs Wohnungen geeinigt und der Architekt hat die Pläne schon eingereicht. Also Risiko: Die Verbleibenden müssen die freibleibende Wohnung erst einmal mit finanzieren, in der Hoffnung, eines Tages hierfür eine passende Familie zu finden. Nehmen wir an, man findet erst mal keine. Vor allem keine junge. Welche jungen Leute würden schon in eine Art privates Altersheim einziehen wollen? Da hätten sie dann ein Überangebot an Vorlese- und Kuchenback-Omas, aber sie bräuchten einen mittleren Transporter, wenn sie im Gegenzug für alle Einkaufen fahren. Welche, sagen wir mal, Dreißig- oder Fünfunddreißigjährigen wollen schon mit Alten im Mehrzwecksaal eine Schnulze aus den fünfziger Jahren ansehen oder Gedichte von Annette von Droste-Hülshoff anhören? – Die Wohnung bleibt also erst mal unbelegt. Auch für Teilnehmer wie Herrn M. wird es also teurer als geplant.
Sodann der Alltag: Im gemeinschaftlichen Werkraum, den Herr M. liebevoll eingerichtet hat unter Zustimmung der Mitbewohner, fehlen mal die Zange, mal die Holzdübel, dann auch schon mal die Stichsäge. Wieviel Energie will er nun aufwenden, der Sache nachzugehen? Klingelt er jetzt an jeder Tür und fragt, wer die Holzdübel hat? Bringt er das wirklich auf der nächsten Eigentümerverrsammlung ein, wo man sich um die Gestaltung der Außenanlagen kloppt? Das wird ihm zu kleinlich sein. Er kauft neue.

Oder er bringt einen Zettel an der Werkstattür an, malt ein paar Dübel darauf und schreibt darunter *Wir wollen hier bleiben*, weil er das für humorvoll hält. Ein paar Tage später steht darunter *Sehr witzig, sieh doch in deiner eigenen Tasche nach.* Aus so etwas können Nachbarschaftskriege entstehen. Gut eignet sich hierfür auch der gemeinsame Fuhrpark: Jedes Mal, wenn Gerhild aus dem zweiten Stock mit dem kleinen Polo losfährt, sind anschließend Kratzer im Lack. Was sie natürlich empört leugnet, wenn man sie freundlich darauf anspricht. Der Heinz von oben, dessen Frau vor einem Jahr gestorben ist, und der sich seitdem immer mehr zurückzieht, fühlt sich aufgerufen, obwohl speziell er nur Straßenbahn fährt. Er macht jeden Abend Fotos von dem Auto, und wenn Gerhild damit gefahren ist, macht er wieder welche. Dafür steht er stundenlang oben an seinem Fenster. Auf der nächsten Versammlung legt er seine Beweise vor. Gerhild bricht in Tränen aus, verläßt den Saal. Ihr Mann beschimpft besagten Heinz, der bekanntgibt, dass er sich an den Kosten für die Vollkaskoversicherung der Autos nicht mehr beteiligt.
Unserem Herrn M. platzt der Kragen, nicht wegen der Kratzer, sondern weil dauernd alle Autos belegt sind. Er kauft sich eines Tages ein eigenes Auto. Das gibt neuen Ärger. Der Winkelbau hat nur drei Parkplätze im Hof. Herr M. will sein Auto dort aber auch abstellen. Ein erstes Schild taucht auf, man weiß

nicht, von wem: *Gemeinschaftsparkplatz. Unbefugte werden kostenpflichtig abgeschleppt,* darunter die Zeichnung eines Abschleppwagens.«

»Nun halt mal inne, Opa. Du meinst doch nicht wirklich, dass Herr M. in so einem Horrorkabinett landen würde.«

»Nein. Muß ja nicht sein. Worauf ich hinaus will, ist dies: Das Mehrgenerationen-Wohnprojekt verlangt etwas noch ganz Anderes als bloß eine Entscheidung zum Zeitpunkt X. Auch noch etwas Anderes als einen gut gefüllten Geldbeutel. Ob es im Wortsinn ein Mehrgenerationen-Wohnprojekt wird, wo tatsächlich Jung und Alt zusammenleben, oder ob da doch nur die Siebzigjährigen zusammenkommen, es verlangt eine ständige Bezugnahme auf Andere – ob sie gleich alt sind oder jünger oder älter als man selbst –, die ungewöhnlich anstrengend sein dürfte. Und dies bei einer Generation, bei der Flexibilität und die Bereitschaft, sich auf Ungewohntes einzulassen, nicht gerade ein Markenzeichen ist. Es geht nicht um die moralische Frage der Rücksichtnahme und der gegenseitigen Hilfe, sondern darum, ob man tatsächlich sich klar macht, welchen immensen seelischen Aufwand das bedeutet.«

»Früher hat es doch bei unserem Herrn M. auch geklappt. Er ist das beste Beispiel, er ist in einer Großfamilie aufgewachsen. Da hat sich doch keiner groß Gedanken gemacht um die anderen. Man hat mit Selbstverständlichkeit zusammengelebt. Aus dem Bauch heraus. Man kannte es nicht anders.«

»Du sagst es überdeutlich: weil man es nicht anders kannte. Das Mehrgenerationen-Wohnprojekt ist aber keine Neuauflage der Großfamilie. Im Mehrgenerationen-Wohnprojekt kommen Leute zusammen, die bis dahin nichts miteinander zu tun hatten, und die bis dahin alleine, jedenfalls als Paar oder Familie alleine gelebt haben. Und die wollen jetzt ihre Bedürfnisse ständig untereinander abstimmen, wollen eine Gemeinschaft bilden? Es ist doch eine ganz andere Bewußtheit erforderlich als in der Großfamilie damals. Man muß mit Willen sich auf den Anderen beziehen. In der Großfamilie war das Zusammenleben keine Frage des Willens. Meines Erachtens kann so ein modernes Gemeinschaftsprojekt nur gedeihen, wenn man das naive *Wir helfen uns alle gegenseitig*-Plakat einrollt und wenn sich stattdessen, jeder für sich, einen Zettel an den Spiegel klemmt, auf dem steht: *Ich interessiere mich jeden Tag für meine Mitbewohner.* Wenn man da ein herzliches Interesse aufbringt, statt sich der Haltung hinzugeben *Wenn ich nicht mehr einkaufen kann, machen die anderen das für mich,* dann könnte es etwas sehr Zukünftiges sein. Auf diese Weise würde eine Art von Sozialität entstehen, eine vom Bewußtsein, vom Willen genährte Sozialität statt der alten, die von gemeinsamen Traditionen und Zusammenklang genährt war. So könnte eine neue soziale Substanz entstehen. Das ist noch weithin Zukunftsmusik: dass wir aus einem gegenseitigen Interesse zusammenfinden, statt aus dem Gleichklang der Meinungen, also dass wir explizit aus der Verschiedenheit zusammenkommen statt aus dem, was uns von vorneherein verbindet oder von dem wir meinen, es würde uns verbinden. Aus herzlichem Interesse: Wer bist du? Was hat es mit dir auf sich? Wo kommst du her? Wo strebst du hin? Inwiefern bist du anders als ich? Das ist die Freiheitsqualität, auf die es hier ankommt: Den Anderen in seiner Andersheit zu wollen, so sogar zu wollen, dass man mit ihm zusammenleben kann. Und das noch unter der erschwerten Bedingung gemeinsamen Alterns. Es geht um mehr als Toleranz. Toleranz reicht nicht. Wenn man dieses herzliche Interesse gegenüber der Fremdheit des Anderen hinbekommt im Alter, dann ist man frei.«

»Und das gibt es noch nicht?«

»Hab ich nicht gesagt. Weiß ich auch nicht. Ich wollte dir nur meine Skepsis begründen, aber auch zum Ausdruck bringen, unter welcher Voraussetzung ein Mehrgenerationen-Wohnprojekt erfolgreich sein kann. Ich persönlich würd´s nicht machen. Das heißt ja aber nichts. Wenn ich an Norbert denke …

ich mag ihn sehr, er ist ein Kumpel seit unserer gemeinsamen Ausbildungszeit. Aber mit ihm zusammenwohnen? Bei allem Respekt und aller Sympathie – Nein Danke. Ich glaube, wir würden uns spinnefeind.«

»Das sag ich ihm«, sagt Emily augenzwinkernd.

»Mach doch. Er würde genau das gleiche sagen.«

Sport

»Als eine Abwandlung oder einen Zusatz zu diesen beiden Varianten nehmen wir jetzt an, Herr M. kann im Ruhestand seinem Sport-Bedürfnis nachgehen. Ein wenig Joggen wird ihm wohl nicht reichen. Ich tippe auf einen Extrem-Sport, zum Beispiel Wildwasserkajak. Er läßt sich die Technik, die wendigen kleinen Boote zu steuern, in einem Kurs beibringen. Ein Mitbewohner aus dem Wohnprojekt könnte sich anschließen. Herr M. schafft sich so ein Kajak an. Er läßt sich das Boot anpassen an seine Statur und sein Gewicht. Auf einem See wird beim Einsteigerkurs die Eskimorolle geübt, auf einem Fluß mit kleinen Stromschnellen trainiert man, Kurs zu halten und das *Treppensteigen*. Bald steht die erste Fahrt an: Es geht zum Beispiel zum Inn, der alle Schwierigkeitsstufen bereithält. Herr M. steigt gleich

bei Stufe III ein. Jemand wie er wird wohl auch im Alter die Herausforderung suchen, will seine Grenzen testen. Er geht auch schon mal auf Risiko. Er wird sich jung fühlen dabei. Der Körper ist wie überschüttet mit Endorphinen. Überhaupt denke ich, dass Herr M. noch lange sich nicht *alt* fühlen wird. Außerdem hat er eine jüngere Frau und noch sehr junge Kinder.
Falls er die anderen Wünsche auch noch angeht – das Klavierspielen noch mal lernt, sich ein Wohnmobil anschafft, das er selbst aus- und umbaut –, dann gibt es, Gesundheit vorausgesetzt, keinen Grund, sich zu den Senioren zu rechnen. Gut möglich, dass er im Ruhestand sich befreit fühlt aus der Einseitigkeit seiner Berufsrolle, die breitesten Raum in seinem Leben eingenommen hatte. Wie du beschrieben hast, war es kein Acht-Stunden-Tag, bei dem man abends oder am Wochenende seinen Interessen nachgehen kann. Als Oberarzt im Krankenhaus hat er kaum Zeit gehabt für sich. Das holt er im Ruhestand nach. Macht ja auch Sinn. Solange er sich nicht übernimmt.«

»Nicht vergessen: Er lebt in einem Mehrgenerationen-Wohnprojekt. Das heißt hier, die anderen werden ein Auge auf ihn haben. Wenn er seinen Aktivismus übertreibt …«

»… muß er Canasta spielen. Vielleicht ist das tatsächlich dann doch so etwas von dem, was wohl auch in der Großfamilie lebte, die gegenseitige Verantwortung.«

»Siehst du, Opa. Du kommst auch noch auf den Geschmack.«

»Glaube ich nicht. Ich treffe gerne Leute, aber ich muss auch meine Ruhe haben können.«

»Und das entscheiden zu können, ist ein Teil deiner Freiheit. Ich weiß schon.«

3

Oma Palm

»Über meine Interviewpartnerin, Frau O., die ich dir heute vorstelle, kann ich eigentlich kaum etwas berichten.«

»War sie sparsam mit Auskünften?«

»Nein, das nicht. Aber es wirkte auf mich, als hätte sie gar keine Biographie.«

»Gibt es nicht.«

»Keine Biographie im Sinne einer Folge von herausgehobenen Ereignissen, kritischen Wendepunkten, unterscheidbaren Phasen.«

»Wie kommst du darauf? Hat sie auf dem Sofa gesessen ihr Leben lang?«

»Im Gegenteil. Sie ist enorm rührig, ständig zugange in ihrem großen Haushalt, ihrem Garten. Aber sie hat eben nie etwas Anderes gemacht als dieses. Frau O. hat keinen Beruf erlernt. Sie hat früh geheiratet. Hat vier Kinder, ist siebenfache Oma. Das Interview

fand in ihrer großen Küche statt. Als ich kam, war sie dabei, Marmelade einzukochen, und darin ließ sie sich auch durch das Interview nicht stören. Drei ihrer Enkelkinder tollten draußen im Garten, kamen immer wieder herein, wollten ihrer Oma den Regenwurm zeigen, den sie ausgegraben hatten und so was. Frau O. ging mit großer Geduld und Liebe auf sie ein, zeigte den Kindern dann aber mit Bestimmtheit, dass sie nun weiter kochen müsse.
Frau O. versorgt offenbar ihre große Familie, tagaus, tagein. Ihr Mann ist noch berufstätig. Er ist Schleusenwärter an einem Kanal. Es ist ein riesiges Anwesen, wo sie lebt. Es sind zwei langgezogene alte Fachwerkhäuser. Darin wohnen außer ihr und ihrem Mann zwei ihrer Kinder mit ihren Familien. Ein weitläufiger Garten umfasst die Häuser. Frau O. hat also nie etwas anderes getan als Kochen und Backen, Vorräte anlegen, hat ihre Kinder, später die Enkelkinder versorgt. Sie nehme sich, sagt sie, noch heute jeden Abend eine Stunde Zeit, den Enkelkindern vorzulesen.«

»Eine Bilderbuch-Oma, also.«

»Durchaus. Überhaupt wirkte alles sehr idyllisch auf mich. Die Einrichtung in ihrem Haus finde ich zwar etwas altmodisch, schwere dunkle Möbel, aber schließlich würden Designer-Möbel kaum zu so einer Oma passen. Fragte ich sie nach Krisen in ihrem Leben, Wendepunkten, Höhen und Tiefen, sah sie mich ratlos an, berichtete schließlich von kleinen Vorkommnissen bei ihren Kindern oder Kindeskindern. Ihr erster Sohn hat Krupp-Husten gehabt und habe manchmal mitten in der Nacht in die Stadt zur Klinik gebracht werden müssen. Ein Schwiegersohn sei mal von der Leiter gefallen und habe sich einen komplizierten Armbruch zugezogen. Also Frau O.´s biographische Ereignisse sind immer Familienereignisse, sind Ereignisse der anderen Familienmitglieder, und die sind von offenbar umschreibbarer Dramatik. Die Frau ist ganz einfach zufrieden und erfüllt mit ihrem Leben.«

Opa lächelt. »Was dich als Psychologin natürlich irritiert.«

»Ich hab sie natürlich auch nach Hobbies gefragt. Ob sie sonst noch etwas macht außer eben Kochen und Backen.«

»Ich könnte mir denken, da kam nichts.«

»Jedenfalls mußte sie lange überlegen. Sie sei im Kirchenchor, erwähnte sie und dass sie ihre 94-jährige Schwiegermutter versorgt, die inzwischen alleine am Dorfende lebe. Diese sei fast vollständig erblindet, komme aber gut zurecht, nur kochen könne sie nicht mehr. Sie bringe ihr das Essen. Jeden Mittag um Zwölf. Aber auch hier hatte ich nicht den Eindruck, dass Frau O. das als außergewöhnliche Belastung sieht. Es gehört eben zu ihrem

Leben dazu. Und sie hat keine eigenen Freundinnen.«

»Außer vielleicht der Schwiegermutter?«

»Weiß nicht. Was ich damit sagen will: Zum einen hatte ich das Bild, dass es viele Freunde und Bekannte gibt, aus ihrem Dorf, aus der Nachbarschaft. Aber man ist als Familie befreundet, nicht als Individuum.«

»Noch so eine Herausforderung für eine Psychologin.«

»Lass gut sein, Opa. Meine Standardfrage, die ja eigentlich der Kern des ganzen Interviews ist, zögerte ich lange hinaus. Sie schien mir einfach nicht zu passen. *Haben Sie Pläne für ihren Ruhestand?*, fragte ich schließlich. Sie sah mich verständnislos an. Nachvollziehbar. Was soll bei einem solchen Leben *Ruhestand* heißen? Ich glaube, eher um mir einen Gefallen zu tun, sagte sie schließlich, sie könnte vielleicht noch mehr in die Choraktivitäten einsteigen. Der Chor fahre nämlich manchmal auf Tournee, zu den Festeszeiten, tritt dann in Kirchen in anderen Dörfern auf. Da sei sie noch nie mitgefahren.« Emily sieht ihrerseits etwas ratlos vor sich hin.

Ein Stilleben

»So eine Biographie scheint dir ein Fragezeichen zu sein, weil keine Kette von benennbaren Ereignissen vorliegt. Wir können eine Biographie wie diese aber auch als Ausrufezeichen sehen: Es ist eine Erzählung ohne Geschichte, ein Gedicht eigentlich, ein Stimmungsgedicht, kein dramatisches Gemälde, sondern ein Stilleben. Die Frau ist zufrieden und erfüllt, sagst du. Die wahrscheinlichste Variante für ihr Alter liegt wohl tatsächlich darin, dass es einfach so weitergeht. Frau O. ist der Mittelpunkt ihrer Familie. Es gibt zunächst keinen Hinweis darauf, dass sich das ändert. Der sogenannte Ruhestand muß ja kein Einschnitt sein. Auch das ist eine Freiheit des Alters: sich zu entscheiden, alles beim Alten und Gewohnten zu belassen. Wenn es aus Freiheit geschieht ....«

»Meinst du wirklich, Frau O. würde darüber nachdenken und mit 65 die bewußte Entscheidung treffen *Ich mach so weiter*?«

»In der Form wohl nicht. Aber sie braucht nichts anderes. Jedenfalls nehmen wir das jetzt mal für eine erste Option an. Zu sagen, sie beläßt alles beim Alten, ist ja von außen gesehen. Für sie selbst ist dieses Alte und Gewohnte nicht alt, es ist immer pralle Gegenwart. Indem sie für die Familie da ist und weiterhin da sein wird, ist sie für sich da. Es ist ihr Leben.«

»Vorsicht, Opa. Inzwischen gab es die Frauenemanzipation und Reflexionen über die Geschlechterrollen ...«

» ... die aber nicht über die persönliche Lebenszufriedenheit und Erfülltheit eines Menschen entscheiden können. Man hat doch nicht den Eindruck, dass sie irgendjemand in diese Rolle gedrängt hat.«

»Naja, wenn sie plötzlich nicht mehr für alle kochen und backen würde, gäbe es wohl einen Aufstand in ihrer Familie.«

»Das können wir für eine andere Variante ihres Alters verfolgen. Im Moment gehe ich davon aus, dass sie in Freiheit bejaht, was sich ergeben hat. Und dass das auch in Zukunft so sein wird.«

»Aber ihr Leben ist doch einseitig.«

»Sie selbst würde das nicht so sehen. Sie steht mitten in einem prallen Leben. Ich glaube nicht, dass ihr etwas fehlt. Da scheinen keine geheimen Sehnsüchte zu sein.«

»Apropos *geheim*. Da war etwas, das mich auch irritierte. Es passte nicht zu dem geschlossenen Bild. Es fiel mir erst ganz am Schluß auf, als ich schon aufbrach. Eine ihrer Schwiegertöchter kam in die Küche und sprach sie mit *Palmi* an.«

»*Palmi?* Was soll das bedeuten?«

»Eben, das scheint eine Art Geheimnis zu sein. Erst in dem Augenblick fiel mir auf, dass die Enkelkinder, wenn sie hereinstürmten, sie *Oma Palm* nannten. Ich fragte, wie es zu diesem Kose- oder Spitznamen kam. Eine Antwort habe ich nicht bekommen. Ihr Mann, der auch gerade hereingekommen war, grinste auf meine Frage vor sich hin. Sie selbst sagte gar nichts dazu. Die Schwiegertochter sagte nur *Sie heißt schon immer `Oma Palm´. Schon seit ich sie kenne.*«

»Kann ja wirklich ein Name sein, den irgendjemand in der Familie, ein kleines Kind vielleicht, einmal aufgebracht hat und die anderen haben es übernommen. Es muß nichts Tiefsinniges bedeuten.«

»Muß nicht. Könnte aber.«

»Wenn du keinen Krimi vor dir hast, bist du nicht zufrieden.« Opa neckt Emily.

»Ach, ein Erbfehler, weißt du … Im Ernst. Ich fragte mich, wie wird sie einst auf ihr Leben zurückblicken.«

»Sie wird es als vollendet betrachten, auch wenn man es von außen als einseitig ansehen könnte. Ja, wann ist ein Leben vollendet, rund? Wenn man zufrieden ist? Wenn nichts fehlt? Aber wer beurteilt, ob etwas fehlt? Von außen betrachtet, fehlt immer etwas. Jede Biographie hätte immer auch noch anders sein können. Es fehlt insofern immer das, was möglich gewesen wäre, aber nicht verwirklicht wurde. Aber ist ein Leben deshalb unvollendet? Wann ist ein Kunstwerk vollendet? Wenn der letzte Pinselstrich getan ist? Aber welches ist der letzte Pinselstrich? Hätte es nicht noch einen weiteren geben können? Der Maler wird sein nächstes Bild anders malen. War sein letztes Bild deshalb unvollendet? Und zu deinem Interview: Gehören bei Frau O., aber auch bei deinen anderen Interviewpartnern die für deren Alter denkbaren biographischen Varianten zu ihrer Vollendung? Lebensentscheidungen zu treffen, bedeutet schließlich immer auch, andere biographische Möglichkeiten brach liegen zu lassen. Sie werden nächstes Mal aufgegriffen, können wir annehmen. Ist ein Leben deshalb unvollendet? Bei Frau O. jedenfalls habe ich das Bild eines in sich ruhenden Lebens, nicht mal eines Lebensganges. Es gibt, wie du sagst, kaum hervortretende Ereignisse. Es ist eben deshalb vollendet, weil es in sich ruht.«

Emily zögert etwas, sieht Opa Theo erst verstohlen an, dann fragt sie: »Opa, und wann ist dein Leben vollendet?«

Opa lacht. »Wenn ich mein letztes Gläschen Wein getrunken habe.«

Gesang

»Für eine zweite Variante könnten wir doch davon ausgehen, dass es zu einer Veränderung kommt. Du sagst, Frau O. sei im Kirchenchor. Vielleicht steigt sie da doch systematischer ein. Immerhin hat sie das selbst als Option genannt. Auch die Enkelkinder werden groß und selbständig. Sie muß nicht mehr Mittelpunkt ihrer Familie sein. Die Schwiegermutter stirbt irgendwann. Der Chor professionalisiert sich. Man führt Stimmbildung ein. Man studiert große, zusammenhängende Chorwerke ein. Musik liegt, als Möglichkeit, in ihrem Schicksal. Dieser Zug, dem sie bisher nur nebenbei nachgegangen ist, könnte im Alter noch biographiegestaltend werden. Vielleicht denkt Frau O. erst jetzt, wenn sie nicht mehr wie früher von ihrem Familienleben getragen und gefordert ist, über ihre Rolle, ihr Leben nach, und hat jetzt möglicherweise doch das Bedürfnis, ihrem Leben noch einen anderen Einschlag zu geben. Vielleicht wäre ihr Einstieg in ein vertieftes Chorleben auch von einem bewußteren religiösen Leben herzuleiten. Gesang als Gottesdienst, als Fühlungnahme zumindest mit einer religiösen Sphäre. Wer weiß, ob sie sich nicht auch noch grundsätzlicher mit Chormusik befasst, darüber liest. Aus welchen Intentionen hat Bach die H-Moll-Messe so geschrieben, wie er sie geschrieben hat? Aus welchem Kontext sind Motetten, sind

Oratorien entstanden? Was hat Mozart selbst über sein Requiem gesagt? Solchen Fragen geht sie nach. – Aber auch wenn es so oder ähnlich kommt, müssen wir nicht annehmen, dass dies schon immer als Sehnsucht in ihr geschlummert hat. Es war eine Möglichkeit, die sie eben jetzt erst aufgreift. Ihr Leben wäre nicht weniger rund ohne dies. Mit der Verwirklichung dieser Option ist es nur anders rund.«

Haiti

Opa zündet sich eine Zigarette an. »Aber genug der Idylle«, sagt er. »Für eine dritte Variante könnten wir jetzt das ganz Unwahrscheinliche annehmen, nämlich, dass es doch zu einer grundsätzlichen und dramatischen Veränderung kommt.«

»Doch noch ein Krimi?«

»Immerhin gibt es da den etwas rätselhaften Kosenamen *Oma Palm*. Vielleicht verbirgt sich da doch etwas mehr dahinter. Vielleicht entsteht dieser Oma Palm doch noch eine kritische, eine selbstkritische Reflexion oder Distanz zu ihrem bisherigen Leben. Sie sieht es auf einmal als Rolle, das heißt, in ihr entsteht das Bild oder die Stimmung, dass sie, ihr Leben, ihre Person sich nicht in dem erschöpft, was sie bisher getan hat.«

»Wie könnte es dazu kommen?«

»Ausgelöst durch deine Interviewfragen, Frauenemanzipation und so.« Opa schmunzelt.

»Ich bitte dich.« Emily ist kurz davor, angesäuert zu sein.

»Natürlich nicht. Aber es könnte etwas geschehen, was den Hintergrund ihres seltsamen Kosenamens plötzlich in den Vordergrund holt. Es gibt Zufälle, die eine umstürzende Resonanz haben, und die deshalb wohl keine Zufälle sind.«

»An was denkst du?«

»An Palmen. Bei einer Chorreise erzählt ihr jemand von einem Urlaub in der Karibik. Dominikanische Republik zum Beispiel.«

»Zum Beispiel.«

»Ja, nur zum Beispiel. Da steht Frau O. auf einmal mit unabweisbarer Deutlichkeit ein uralter Jugendtraum vor Augen. Ein Traum von einem Leben in der Sonne, am Meer, unter Palmen eben, in einem Fischerdorf, fern der Zivilisation, ein ganz einfaches Leben, unter Ureinwohnern, Rituale mit Tanz und elementarem Gesang gehören dazu. Plötzlich sieht sie ihr bisheriges Leben so, dass sie immer für die anderen da gewesen sei. Sie fragt sich, wer sie selbst ist. Wer wäre sie, wer wäre sie geworden ohne die

Rolle als Familienmittelpunkt, ohne Kochen und Backen und ohne für das Ausrichten der Feste zuständig zu sein? Plötzlich hat sie das Gefühl, dass das Leben noch etwas Anderes für sie bereithält. Sie taucht ab.«

»Sie taucht ab?«

»Die Enkelkinder sind groß, die Schwiegermutter ist gestorben, der Mann auch. Sie tut niemandem etwas zuleid, wenn sie ihre Rolle jetzt abstreift. Sie hat Ersparnisse oder es liegt ererbtes Geld auf der Bank. Erst macht sie eine Reise nach Haiti ...«

»Na klar. Haiti.«

»Auch wenn sie nie eine Fremdsprache gelernt hat, kann sie gut Kontakte knüpfen. Nach ein paar Wochen kommt sie wieder nach Haiti, für länger, für lange womöglich. Sie lernt, mitten aus dem Alltag heraus, einige Brocken Französisch und etwas Langay, die Eingeborenensprache, die nur im religiösen Kontext verwendet wird. Aber hauptsächlich kommt sie mit den Einwohnern zusammen über den Gesang. Sie nimmt an deren Festen teil. Sie wird nicht als Touristin gesehen, sondern als jemand, der sich dem Leben, der Kultur, den Bräuchen Haitis öffnet. Sie wohnt auch nicht in einem Hotel, sondern in einer Hütte am Meer bei einer Fischerfamilie.«

»Hilfe. Da ist dann doch wieder die Idylle.«

»Sie würde es nicht so sehen. Sondern nur als etwas, das ihr schon lange, schon immer, vorgeschwebt hat und von dem sie in ihrem Innersten gewußt hat, dass es das gibt. Dass auch ein solches Leben möglich ist. Nur der Schwiegermutter hat sie manchmal davon erzählt, ihren Traum aber dort gelassen, nie mit nach Hause genommen.«

»Will sie sich etwas beweisen?«

»Das wäre zu ideologisch. Eher denke ich, sie glaubt einfach daran, dass ihr ein solches einfaches Leben auch möglich wäre, und deshalb macht sie es und deshalb klappt es.«

»Also, ich halte dieses Szenario für ausgesprochen unwahrscheinlich. Aber nehmen wir mal an, es kommt so. Würde sie dann ihr bisheriges Leben als *falsch* ansehen?«

»Nein. Sie würde es wohl schon etwas kritischer sehen als bisher, vielleicht tatsächlich als einseitig.«

»Und ihre Familie?«

»Könnte sie ziehen lassen oder könnte einen Aufstand machen. Die Familie scheint ja den Hintergrund des Kosenamens zu kennen. Vielleicht wundern sie sich gar nicht so sehr. Oder sie erklären die Oma für verrückt, meinen, jetzt wird sie dement, unberechenbar, bringt das Erbe durch.«

»Ach, Opa, du solltest Romane schreiben.«

»Nicht nötig. Das Leben schreibt die interessantesten Romane, wie man so sagt.«

»Aber nach Haiti?«

»Was glaubst du, wieviel Rentner, auch deutsche Rentner, auf Haiti leben? Wollen wir mal wetten? Es sind Hunderte. Außerdem ist auch diese Variante gar nicht ausgedacht. Eine Nachbarin von mir, zwei Häuser weiter, hat sich mit 64 Knall auf Fall von ihrem Mann getrennt, ist einfach abgehauen. Hat eine Art Abschiedsbrief hinterlassen, an ihre Familie gerichtet, der sich ohne Mühe in die Worte zusammenfassen läßt *Ihr könnt mich mal.* Sie ward nie wieder gesehen.«

»Und jetzt lebt sie auf Haiti in der Hütte neben Oma Palm?«

»Unsinn. Es kamen dann Briefe von ihr aus Neuseeland. Sie wollte Geld. Ihr Mann sollte das Haus verkaufen und ihr ihren Anteil auszahlen.«

»Also kann man im hohen Alter auch einen Rappel kriegen ...«

»Wieso nennst du das so? Wenn jüngere Leute ihr Leben radikal verändern, spricht man von *Wendepunkt, existentieller Krise, Transformation.* Da bewundert man solche eruptiven Selbstverwirklichungen. Wenn der Abteilungsleiter einer Versicherung die Brocken hinschmeißt und Tauchlehrer auf den Bahamas wird, ist man voller Ehrfurcht über den mutigen Aussteiger. Aber bei uns Alten heißt das dann *einen Rappel kriegen*?« Opa ist ersichtlich kurz davor, ein- bis zweimal um den Couchtisch zu gehen.

»Beruhige dich, liebster Opa. Es schien mir nur so unwahrscheinlich.«

»Unwahrscheinlich ist lediglich die Eindimensionalität mancher Lebensläufe. Obwohl sie immer noch häufig sind. Das Wahrscheinliche ist, dass in jedem noch etwas Anderes steckt, als was er bisher gelebt hat.«

»Ja, sicher. Du sagtest es schon einmal.«

»Und das Alter bringt oft die Chance, etwas von dem aufzugreifen.«

4

Frau F., selbständig

»Bevor wir uns heute mit deinem nächsten Kandidaten beschäftigen,« sagt Opa Theo am nächsten Samstag zu Emily, »sollten wir uns mal einigen, was wir eigentlich unter *Alter* verstehen wollen. Du hast deine Leute zu ihren Plänen für die Zeit des Ruhestands befragt, und wir spinnen die Fäden hier etwas weiter, in verschiedene Richtungen. Einig sind wir uns offenbar, dass es das *Alter* so pauschal gar nicht gibt. Es prägt sich individuell höchst verschieden aus. Aber auch bei jedem konkreten Einzelnen kann das, was er als *Alter* erlebt oder wie er es gestaltet oder auch nicht gestaltet, sich wandeln. Alter mit 65 ist etwas anderes als Alter mit 80. Und wenn man so alt wird, wieder anders als mit 90. Wann ist man *alt*?«

»Wenn man sich so fühlt?«

»Das wäre vielleicht das individuellste Kriterium. Kann sein, man fühlt sich in den ersten zehn Jahren des Ruhestands gar nicht alt, im Gegenteil, man ist aktiv auf neuen Feldern, im privaten Bereich oder ehrenamtlich, man ist befreit vom Druck des Erwerbslebens. Manch einer hat einen Mini-Job, um seine Rente aufzubessern, der ihm aber zusätzlich das Gefühl gibt, noch Sinnvolles tun zu können. Aber diese Situation wird sich ja erwartbar ändern: Vielleicht fühlt sich so einer erst mit 75 oder mit 80 alt, wenn er dann doch feststellt, dass seine Kräfte und Möglichkeiten nachlassen, dass seine Gesundheit fragil wird. Das wäre eine andere Altersphase als die Zeit des ersten Ruhestands. Die zum Teil ja recht diskriminierenden Bilder vom Alter, die die öffentliche Diskussion schon lange besetzen, beziehen sich auf diese späte Altersphase, werden aber angewendet schon für Menschen in der ersten Ruhestandszeit.«

»Hier passt als Beispiel Frau F., deren Interview ich heute mitbringe. Sie sagte mir gleich zu Anfang des Interviews, dass sie seit einem Erlebnis in der Straßenbahn vor ein paar Wochen über das Thema Altern und Ruhestand nachdenke: Ein junger Mann habe ihr, was ja heute kaum mehr vorkommt, seinen Sitzplatz angeboten. Da habe sie gewußt *Jetzt ist es soweit*. Schlagartig sei ihr klar geworden, dass sie alt werde. Sie sagte es belustigt, aber ich glaube, sie empfindet auch etwas Bedrohliches dabei.«

»Aus finanziellen Gründen?«

»Nein. Sie erzählte eine ziemlich schwierige Familiengeschichte, die ihr wohl, wenn sie nicht mehr berufstätig ist, wieder näher rücken könnte. Beim Gespräch über ihren Lebensgang war es sehr deutlich, dass sie von ihren familiären Problemen immer noch stark absorbiert ist. Das eine Thema ist ihre Ehe. Sie frage sich heute noch, warum man sich fast jeden Tag in der übelsten Weise gestritten habe. *Über nichts*, sagt sie traurig. Es sei jedes Mal zu den wüstesten Beschimpfungen, durchaus gegenseitig, gekommen, auch schon mal zu Tätlichkeiten. Vor zwanzig Jahren schon sei die Scheidung vollzogen worden. Trotzdem sei sie immer noch nicht fertig damit. Sie ist jetzt 62.
Zum andern erzählt sie, dass ihr Sohn sich vor 15 Jahren das Leben genommen habe, nachdem er einen kleinen Betrieb in die Pleite gefahren habe. Ihre Schwiegertochter werfe ihr bis heute vor, dass das nicht so hätte kommen müssen, wenn sie ihrem Sohn damals Geld gegeben hätte. Tatsächlich hätte sie etwas auf der hohen Kante gehabt. Zumindest hätte sie bürgen können für weitere Kredite, die er gebraucht hätte. Er habe das einmal eher beiläufig zur Sprache gebracht, so dass sie nicht den Eindruck einer akuten und dramatischen Situation gehabt habe. Man habe über die Möglichkeit einer solchen Unterstützung gesprochen und es dann offen gelassen.

Zwei Wochen später habe ihn seine Frau erhängt im Treppenhaus aufgefunden.
Dass sie arbeiten könne, helfe ihr, nicht dauernd daran denken zu müssen. Insofern habe sie auch Angst vor dem Ruhestand. Sie werde in irgendeiner Weise aktiv sein müssen, um nicht von der Vergangenheit eingeholt und überrollt zu werden.«

»Die Vergangenheit kann einen Menschen nur überrollen, wenn er keine Zukunft sieht.«

»Wir werden das ja gleich sehen. Frau F. hat Verkäuferin gelernt und 12 Jahre in einem Kaufhaus gearbeitet, Vollzeit. *Den ganzen Tag bei künstlichem Licht. Den ganzen Tag bei schlechter Luft,* sagt sie. Um da rauszukommen, habe sie sich selbständig gemacht und einen kleinen Laden gepachtet für Zigaretten, Schreibwaren und mit einer Post-Service-Stelle. Sie habe damit ganz gut verdient, sich sogar etwas zurücklegen können. Umso mehr tue es ihr leid, dass sie ihrem Sohn nicht rechtzeitig geholfen habe. Ihr Plan für den Ruhestand sei kein konkreter. *Auf jeden Fall raus in die Natur,* sagt sie.«

Frau F. wird Bildhauerin

»Es trägt wahrscheinlich nicht lange, wenn man im Ruhestand aktiv bis aktivistisch ist, um offenen Fragen aus der Vergangenheit auszuweichen. Aber gehen wir es einmal durch. Hat sie eine künstlerische Seite?«

»Davon hat sie nichts gesagt.«

»Aber sie hat eine soziale Kompetenz, als Verkäuferin und Inhaberin eines kleinen Ladens. Nehmen wir also an, aus sozialen Gründen, um neue Kontakte zu knüpfen, vielleicht aber auch, um nicht mit trüben Gedanken alleine zu sein, beteiligt sie sich an Malkursen. Sie wird erst einmal kein künstlerisches Interesse haben. Aber sie stellt fest, dass das Malen ihr Ruhe bringt, wenn ihr die Vergangenheit einmal wieder durch den Kopf schwirrt. Nun ist Malen für so jemand auf die Dauer wahrscheinlich noch zu gebremst. Sie braucht eine noch expressivere, dynamischere Form des Gestaltens. Stellen wir uns nun vor, Frau F. erfährt von einem Bildhauerkurs in der Schweiz. Eine andere Kursteilnehmerin hat ihr davon erzählt. Sie recherchiert im Internet, läßt sich einen Prospekt kommen. Eines Tages ist es soweit: Sie hat sich für einen Einsteiger-Kurs in Peccia, im Maggiatal, angemeldet. Sie fährt zusammen mit der Frau aus dem Malkurs. Sie haben sich ein Zimmer reserviert in Lavizzara, etwas unterhalb von Peccia. Von Ascona aus schnauft ihr Auto über uralte Steinbrücken, vorbei an zahllosen kleinen Kapellen, die Serpentinen hinauf.

Der Kurs beginnt damit, dass die Teilnehmer in einer gemeinsamen Aktion Marmorstücke aus der Maggia holen, die vom weiter oben gelegenen Steinbruch als Abfall heruntergeschubst wurden. Man rollt die Brocken auf je eine Palette, die auf zwei Tragebalken aufliegt. Je zu zweit hievt man die Findlinge hinauf ins offene Atelier der Bildhauerschule. Frau F. ist begeistert, ein Handwerk zu lernen. Marmor zu bearbeiten, das dürfte Spannungen abbauen. Sie lernt, das Eisen zu führen, lernt die verschiedenen Klopftechniken, lernt, die Struktur des Steins mit einzubeziehen. Ein Höhepunkt ist die gemeinsame Fahrt weiter hinauf zum Marmorsteinbruch. Unterwegs hört man das Pfeifen der Murmeltiere. Eine abenteuerliche Fahrt, die nur im Off-Roader zu bewältigen ist. Die Kursteilnehmer erleben mit, wie die Marmorblöcke mit langen, diamantbesetzten Stahlseilen aus dem Fels gesägt werden.
Dennoch, die Vergangenheit findet Frau F. auch in der Schweiz. Beim Behauen, auch beim Abendessen, erzählt Frau F. anderen Kursteilnehmern von der unglücklichen Geschichte mit ihrem Sohn. Sie bemerkt bald, dass man ihr eigentlich nur aus Höflichkeit zuhört. Es interessiert nicht. Oder vielmehr auch im Gegenteil: Die Geschichte ist zu massiv. Man will sie nicht hören. Da kommt sie auf die Idee, alles aufzuschreiben, ihre Erinnerungen, ihre Selbstzweifel, aber auch ihre Schuldgefühle. Schließlich

macht sie sich nicht nur wegen des tragischen Endes ihres Sohnes Vorwürfe, sondern auch wegen ihrer Ehe, deren unglücklichen Verlauf sie bis heute nicht versteht. Sie wird feststellen, dass das Aufschreiben einen Vorteil hat gegenüber dem Erzählen: Es ist objektiver. Sie selbst kann sich besser distanzieren von dem, was sie aufschreibt, indem sie es aufschreibt. Beim Erzählen hat sie sich eher immer erneut aufgeregt.

Nehmen wir weiter an, das Bildhauern mit anderen zusammen wird im Ruhestand ihr Feld, wo sie neue Kräfte auftanken kann. Sie fährt regelmäßig nach Peccia, entwickelt die Techniken weiter. Zuhause, zwischen den Kursen, erinnern sie die mitgebrachten Werkstücke an die Erlebnisse in Peccia.

Auch wenn es ihr guttut, mit der Vergangenheit hat sie damit noch nicht aufgeräumt. Wahrscheinlich geht das auch gar nicht. Im hohen Alter hat wohl jeder ein Bilanzbedürfnis und auch ein Versöhnungsbedürfnis. Euch Jungen geht das vermutlich eher auf die Nerven, wenn euch Alte davon erzählen wollen. Aber der alte Mensch, besonders wenn er merkt, dass es zu Ende geht, sucht Klärung, wohl auch Bestätigung, Zustimmung, indem er Mitmenschen erzählt von den Unerlöstheiten, den offenen Fragen seines Lebens. Es ist ja verständlich, aber auch tragisch, dass die meisten Mitmenschen das keineswegs interessiert. Ideal wäre hier eine Gegenseitigkeit.

Andererseits: Ich habe von Zirkeln gehört, in denen alte Menschen sich gegenseitig aus ihrem Leben erzählen. Ich weiß nicht, ob das Richtige ist. Als Übung, auch im hohen Alter offen zu sein für die Nöte und Sorgen anderer Menschen, mag es sinnvoll sein. Auch das ist eine Freiheit des Alters, sich zu entscheiden, interessiert zuzuhören. Viele Alte quasseln lieber, als dass sie zuhören. Andererseits, wenn man selbst Knoten in der Seele hat, die man im Erzählen aufzulösen hofft – kann man dann zuhören? Norbert sagt an der Stelle immer *Ein Gläschen Wein hilft auch.*«

»Würde nicht eine direkte Aussprache zwischen Frau F. und ihrer Schwiegertochter, vielleicht unter Anleitung einer neutralen Person, helfen?«

»Theoretisch ja. Aber ist es praktikabel? Können es beide wollen? Womöglich will die Schwiegertochter in ihrer Vorwurfshaltung verharren. Und selbst wenn beide eine solche Aussprache bejahen, kann, darf die Schwiegertochter Frau F. lossprechen? Um mal ein großes Wort zu nehmen: Mir kommt vor, dass nur *das Schicksal* - was immer Frau F. darunter verstehen mag – sie lossprechen könnte. Gibt es da eine Hotline? Nein. Frau F. nimmt die Geschichten so unerlöst, wie sie sind, mit ins Grab. Was sie realistisch tun kann, ist genau dies: Dass die Geschichten unerlöst bleiben, anzuerkennen, sie als Teil ihres

Lebens zu akzeptieren als etwas, das zu ihrem Leben gehört genauso wie die beglückenden Erfahrungen. Es ist vielleicht nicht das Schlechteste, mit einer Frage, einer im Irdischen unauflösbare Frage in den Tod zu gehen.«

»Zwei Fragen. Der spannungsgeladene Verlauf ihrer Ehe ist ihr ja auch eine Frage, ebenso mit Selbstvorwürfen behaftet.«

»So wird es wohl sein. Aber wer hat vor seinem Ende alles geklärt, alles vergeben, wem ist alles vergeben worden, wer hat alles verstanden, was in seinem Leben geschehen ist? Vielleicht mit ein Grund, weshalb man einst wiederkommen möchte.«

Frau F. möchte von ihrer Tochter verstanden werden

»Hat Frau F. noch andere Kinder?«

»Ja, eine Tochter, etwas jünger als der Sohn. Sie ist Krankenschwester geworden und lebt weit entfernt und auch innerlich distanziert von der Mutter.«

»Gehen wir doch eine Variante durch, bei der das Unaufgelöste aus der Vergangenheit, der Umgang oder Nicht-Umgang damit, im Vordergrund stehen. Schließlich gibt es Alte – Norbert singt jedes Mal ein Lied davon – deren Alter hauptsächlich darin

besteht, sich für die Vergangenheit zu rechtfertigen. Frau F. könnte eines Tages ihre Tochter zu sich bestellen. Sie schickt der Tochter einen ebenso bedeutungsschweren wie rätselhaften Brief. Da könnte drin stehen so etwas wie *Es wird Zeit, dass du die Wahrheit erfährst.* Die Tochter kann sich gleich denken, worum es geht. Auch sie hat der Mutter damals insgeheim Vorwürfe gemacht, nachdem der Bruder sich umgebracht hatte. Sie hat den Vorwurf nie ausgesprochen, hat sich aber innerlich sehr zurückgezogen von der Mutter. Halb widerwillig kommt die Tochter also angereist, aus Pflichtgefühl teils, teils auch, weil sie sich Aufklärung über die Ereignisse damals erhofft. Wie sieht *die Wahrheit* aus? Sie sieht so aus, dass die Mutter nur von sich spricht. Es fallen Sätze wie *Ich möchte, dass du mich verstehst* oder *Du sollst wissen, wie es mir damals ging.* Sie fragt die Tochter nicht, wie es ihr ging. Sie fragt sie auch nicht, ob sie die Mutter verstehen möchte, ob sie überhaupt Mutters Geschichte hören möchte. Das ganze Wochenende über erzählt Frau F. ihre Sicht der Dinge, rechtfertigt sich, verwendet Formulierungen wie *Meinst du nicht auch, dass …?.* Oder sie sagt *Du warst damals zu jung, um zu verstehen.* Die Tochter erfährt über die Umstände des Suizids des Bruders nichts, was sie nicht schon gewußt hätte.
Aber es kommt noch schlimmer: Frau F. erzählt ihrer Tochter von ihrer Ehe. Dass der Mann fremdgegangen

sei. Dass er andererseits ihr immer nachspioniert habe. Dass er oft gesagt habe, er wünschte, er hätte sie nie kennengelernt. Der Tochter wird flau. Sie zieht sich immer mehr in sich zurück. Sagt nichts. Die Mutter steigert es noch. Sie breitet die peinlichsten Intimitäten über ihr Eheleben vor der Tochter aus. Diese will all das nicht hören müssen. Als die Mutter mit ihrem Monolog endlich fertig ist, scheint sie so etwas wie Zustimmung oder Verständnis von der Tochter zu erwarten. Diese sagt ein paar Floskeln und reist Hals über Kopf ab. – So kann man Angehörige belästigen als alter Mensch mit den eigenen Unerlöstheiten.

Frau F. könnte auch zu den Alten gehören, die vor eigenen Schuldgefühlen in einen aufdringlichen Aktivismus flüchten. Sie bietet dem örtlichen Altenheim an, ehrenamtlich mitzuarbeiten, als *grüne Dame* sagt man wohl. Sie stürzt sich auf hilflose Alte, um ihr eigenes Alt-Werden zu verleugnen, um der Unauflösbarkeit ihres Schuldgefühls zu entrinnen. Nach dem Motto *Solange ich Alten helfe, bin ich selbst nicht alt.* Sie karrt alte Leute, die im Rollstuhl sitzen, ungefragt zu Ratespielen zusammen, die sie für lustig hält. Sie läßt sich von einem Bewohner, der Diabetiker ist, dafür einspannen, ihm jede Woche Schnaps mitzubringen. Das Personal wundert sich, dass seine Werte sich verschlechtern. Einer Oma, die nach einem Schlaganfall halbseitig gelähmt ist, will sie beibringen, sich alleine anzuziehen. Die Krankengymnastin schlägt die Hände über dem Kopf zusammen. Auch hat sie die Angewohnheit, die alten Leute grundsätzlich anzubrüllen, weil sie offenbar davon ausgeht, dass alte Leute prinzipiell schwerhörig sind.«

»Norbert hat dir solche Geschichten erzählt.«

»Das sind noch die harmlosen. In ihrer rabiaten Hyperaktivität zerrt Frau F. eine Bewohnerin zum Friseur. *Er macht ihnen mal eine schicke Frisur*, sagt sie. Das alles am Personal vorbei. Als diese alte Frau, die schon auf dem Weg zur Demenz ist und selbst Angehörige manchmal nicht erkennt, sich mit der neuen Frisur im Spiegel sieht, sagt sie zum Spiegelbild *Sind Sie die Neue?* - Frau F. irritiert das nicht. Damit fröhliche Stimmung ins Altenheim komme, will sie mit den Alten die Fenster bemalen, wie man das in Kindergärten manchmal sieht. Jetzt wird es dem Personal zu viel. Der Heimleiter bedeutet ihr, sie möge mit Rücksicht auf ihre eigene Gesundheit von weiteren Besuchen im Altenheim absehen.
Was bedeutet es für Frau F.? Wird sie es aushalten, jetzt plötzlich doch mit ihrem Alt-Werden, mit ihren immer lauernden Schuldgefühlen konfrontiert zu sein?«

»Sie wird krank. Jetzt setzt sie ihre Unruhe in ständige Arztbesuche um.«

»Oder sie sucht die nächsten Opfer. Wie wär´s mit ehrenamtlicher Migrantenbetreuung? Frisch zugewanderten

Russen von ihrem Sohn erzählen. Einer türkischen Mutti in aller Breite von ihrer Ehe erzählen.«

»Du übertreibst.«

»Es gibt nichts, was es nicht gibt, wenn alte Menschen einem Schuldgfühl davon laufen wollen.«

»Sie könnte ja auch einsichtig werden.«

»Sicher, das hatten wir in der ersten Variante gesehen. Da schrieb sie alles auf, was sie bedrückte, anstatt Andere damit zu überfallen.«

»Wovon hängt es ab, ob es so kommt oder so. Was meinst du?«

»Von vielen Faktoren. Einer ist wohl die Bereitschaft oder eben das Fehlen der Bereitschaft, sich selbst in seiner Wirkung auf Andere, in seiner Bedeutung für andere, zu hinterfragen.«

»Das macht keiner gerne. Und viele alte Menschen neigen ja eher dazu, sich und ihr Leben für den Mittelpunkt der Welt zu halten.«

»Es wäre eine Chance. Es gibt so etwas wie Altersbescheideneit.«

Aufgehoben in der Gruppe

»Nun noch bitte eine Option, die sich erfreulicher anhört. Es muß doch auch möglich sein, mit Belastungen aus der Vergangenheit anders als aktivistisch und aufdringlich umzugehen.«

»Es hängt vielleicht vom sozialen Zusammenhalt ab, vom sozialen Netz, ob das möglich ist. Stellen wir uns vor, Frau F. – sie wollte ja im Ruhestand raus in die Natur, hast du gesagt – findet eine Gruppe mittelalter und rüstiger alter Leute, die sich im Rahmen der Bergwaldprojekte oder bei einer *50-Plus-Gruppe* einer Umweltschutzorganisation für den Naturschutz engagiert. Da findet man sich zum Beispiel zusammen, um in alten Wäldern, die früher Jagdgebiete waren, marode Zäune zu entfernen, in denen sich das Wild verfangen kann. Es gibt Wiederaufforstungsprojekte, bei denen Helfer sehr willkommen sind. Irgend so etwas macht sie, zusammen mit anderen. Beim gemeinsamen Tun ergeben sich natürlich Möglichkeiten, auch persönlich zu sprechen. Wenn es gegenseitig ist, wird es in Ordnung sein und Frau F. guttun. In der Natur zu sein, mit anzupacken und nebenbei von sich erzählen können, aber auch zuhören können. Ich denke, das relativiert die eigene Anspannung, die aus den ungeklärten Tiefen der Vergangenheit dem alten Menschen nachhängt. Und wie wir schon in der ersten Option gesehen haben, sollte Frau F. nicht erwarten, dass der Druck durch Erzählen sich einfach auflöst, und erst recht nicht, dass die offenen Fragen sich auflösen. Dennoch ist Frau F. hier aufgehoben und akzeptiert mit ihren Schuldgefühlen.«

5

Herr W., Straßenbahnfahrer

»Laß uns deinen heutigen Fall im Stadtpark verhandeln,« sagt Opa.

»Schöne Idee. Willst du den Rollator mitnehmen?«

»Ich bitte dich. Rollatoren sind was für die Mädels.«

»Heißt?«

»Na, sieh dich doch um in der Stadt. Alte mit Rollatoren sind zu allermeist Mütterchen.«

»Heißt?«

»Ob die Männer zu stolz sind dafür? Vielleicht. Keine Schwäche zeigen? Jedenfalls was mich betrifft, mir reicht der Gehstock.«

»Gut, Väterchen, dann nimm deinen Gehstock.«

Im Park angekommen, steuert Opa die nächste Bank an.

»Also? Bin neugierig.«

»Mein heutiger Kandidat ist ein Straßenbahnfahrer.«

»Ich hasse Straßenbahnfahren.«

»Okay, Großväterchen, ich werde das in mein Vorwort aufnehmen.«

»Im Ernst. Sie fahren immer zu schnell wieder los. Man hat Angst, nicht rechtzeitig einsteigen zu können. Und sie fahren oft so ruckartig an. Unsereiner fliegt dann wie ein lächerlicher Hampelmann durch die Bahn.«

»Na, dann hör dir das jetzt mal von der anderen Seite her an. Der Mann ist jetzt 58. Er fährt seit über 30 Jahren. Davor war er Schaffner. Die gab´s damals ja noch. Er war auf dem Gymnasium gewesen und hatte vor, Abitur zu machen und zu studieren. Da ist seine Freundin schwanger geworden. So wollte er möglichst rasch Geld verdienen, dachte, das Abitur kann ich später noch machen. Seine Eltern waren ziemlich arme Leute. Die Eltern seiner Freundin auch. Es sei für ihn selbstverständlich gewesen, dass er seine junge Familie zu ernähren hatte. Er überlegte zuerst, ob er eine Lehre machen sollte. Aber das Lehrgeld hätte ja auch nicht gereicht. Also habe er sich bei den Stadtwerken beworben. Die suchten damals *Guides* für Auskünfte an Verkehrsknotenpunkten oder an markanten Stellen in der Stadt. Er bekam den Job, so meint er, weil er gut Englisch und

Französisch sprach. In nur zwei Wochen hatte er das gesamte Straßenbahn- und Busliniennetz der Stadt auswendig lernen müssen. Mit welcher Linie kommt man zum Textilmuseum, mit welcher zum Bahnhof? Die *Guides* seien damals vor allem von Touristen in Anspruch genommen worden, weniger von Einheimischen.«

»Wenn die auch schon *Guides* hießen.«

»Jedenfalls, kaum hatte er sich eingearbeitet, wurden Schaffner gesucht. Er bewarb sich. Mit 21 war er also Schaffner. Schichtdienst. Seine Freundin mit dem Neugeborenen habe sich lange nicht daran gewöhnt. Aber er habe gut verdient, konnte die Miete bezahlen, die Anschaffungen für das Kind. Und immer habe er gedacht: Das Abitur kannst du später noch machen. Dann sei das Geld dann doch irgendwann knapp geworden. Nach drei Jahren hätten sie umziehen müssen, Eigenbedarf oder so was, in eine andere Wohnung, die wesentlich teurer war. Da lag es nahe, sich als Fahrer ausbilden zu lassen. Die Straßenbahnfahrer verdienten wesentlich mehr als die Schaffner. Heute würde das, so erzählt er, so nicht mehr gehen. Heute müssen die Fahrer bei der Bewerbung eine abgeschlossene Berufsausbildung vorweisen.
Ja, und seitdem fährt er Straßenbahnen, immer noch im Schichtdienst. Seine Frau hat sich irgendwann

daran gewöhnt, sagt er. Es war halt so: Und der Sohn kannte es schließlich nicht anders: Manchmal war der Papa nachmittags da, zum Spielen oder um bei den Hausaufgaben zu helfen, und manchmal kam er eben erst nachts nachhause. Es ist bei diesem einen Kind geblieben. Beide, seine Frau und er, hätten noch Jahre im Kopf gehabt, irgendwann einmal das Abi nachzuholen und dann zu studieren. Das ist mit zwei Kindern dann noch schwieriger als mit einem. Er sagt, im Prinzip habe ihm die Arbeit immer Freude gemacht. Man gewöhne sich daran, an manchen Tagen um 4 Uhr aufstehen zu müssen für die 5-Uhr-Schicht, an anderen Tagen bis 9 Uhr ausschlafen zu können.

Damals gab es ja noch keine Fahrerkabine. Das Kunststück habe darin bestanden, sich einerseits auf den Verkehr zu konzentrieren – oft seien ihm Passanten gedankenlos vor die Bahn gelaufen, einmal sei auch ein Auto in seine Bahn gekracht –, und gleichzeitig Fahrgästen Auskünfte zu geben. Als ehemaliger Guide sei er dafür natürlich besonders geeignet gewesen.

Geduld brauche man, sagt er. Die Fahrkarten wurden ja noch beim Fahrer gekauft. Wenn dann ein altes Mütterchen ewig gebraucht habe, bis sie das Kleingeld aus ihrem Portemonnaie zusammen hatte … Danach hätte er dann immer besonders rasch losfahren müssen.

Auf den Außenstrecken sei dann auch mal Zeit gewesen, sich mit dem einen oder anderen Fahrgast näher zu unterhalten. Da hätte er oft von interessanten Schicksalen gehört. Auch von schlimmen Sachen. Selbst Touristen, die nur zum Vergnügen in der Stadt waren, hätten ihm gerne schon mal eine private Geschichte erzählt. Es habe auch die Härtefälle gegeben. Er sagt, er erinnert sich noch heute an einen Mann mittleren Alters, der mindestens einmal in der Woche bis zur Endhaltestelle mitgefahren sei, dann zurück zur anderen Endhaltestelle, das manchmal drei oder vier Mal, bis er dann irgendwann in der Innenstadt ausgestiegen sei. Irgendwann seien sie ins Gespräch gekommen und der Mann habe erzählt, dass er nicht wisse wohin, wenn zuhause Streit sei.
In den Neunziger Jahren seien die Fahrgäste dann anspruchsvoll geworden.«

»Anspruchsvoll?«

»Ja. Ich habe auch nachgefragt. Er meint damit, dass es auf einmal viele Beschwerden gab – so wie deine: zu kurz angehalten, zu ruckartig abgefahren, Verspätungen.

»Siehste.«

»Er meint, das habe damals an der Umstellung auf ein neues Leitsystem gelegen. So ganz verstanden

hab ich das nicht. Wenn er gewartet hätte, bis der oder jener Passant auch noch eingestiegen sei, der von irgendwoher angerannt kam, hätte er einen Rüffel bekommen von seiner Leitstelle, weil er nicht rechtzeitig an der nächsten Übergabestelle war. Damals seien auch die Fahrerkabinen eingeführt worden. Er sagt, er vermisse seitdem den Kontakt mir den Fahrgästen. Klar, die kompliziertere Technik verlangt mehr Aufmerksamkeit, sagt er. Aber manches sei noch wie vor 30 Jahren. Er müsse immer noch vor jeder Fahrt nachsehen, ob genügend Sand in der Streubox ist. Selbst im Sommer müsse er das tun. Dann gäbe es Fahrgäste, die ihn anpöbeln, weshalb er herumtrödle anstatt loszufahren. Es seien meist junge Leute. Er schaffe es aber bis heute, die Leute beruhigend anzusprechen, *deeskalierend*, wie man heute sagt. Es gab dafür auch Schulungen.
So, und jetzt sein Entwurf für das Alter. Du kannst es dir denken.«

»Abitur machen?«

»Nicht gerade das. Aber auf der Uni irgendeine Sprache studieren. Er sagt, seine Frau sei etwas besorgt, was er denn ab der Pensionierung wohl zuhause tun würde so den ganzen lieben langen Tag. Sie hat sich natürlich längst daran gewöhnt, dass sie die Herrin ihres Alltags ist. Seit ihr Sohn im Kindergarten war, hat sie halbtags gearbeitet. Er sagt, er hat da aber keine Sorge. Er stelle sich eben nicht vor, zuhause herumzusitzen. Er möchte an die Uni.«

Seniorenstudium

»Was denkst du, Emily, wie es in seinem Ruhestand weitergehen wird mit ihm?«

»Es spricht ja erst mal nichts dagegen, dass es so kommt, wie er sich das vorstellt. Abitur hat er nicht, er kann also nicht *richtig* studieren. Aber fast an jeder Uni wird inzwischen das Seniorenstudium angeboten. Man schreibt sich ein, kann sich Vorlesungen und Seminare zusammenstellen. Die meisten verlangen auch Hausarbeiten, einige sogar Prüfungen. Ich denke, das wird ihm Freude machen.«

»Was will er denn studieren?«

»Das wußte er noch nicht genau. Ich tippe auf Sprachen. Sagen wir mal, er studiert Romanistik, speziell Spanisch. Bei solchen Seniorenstudiengängen sind ja häufig auch Bildungsreisen eingebaut. Er wird mit anderen Senioren nach Madrid fliegen, nach Barcelona, sieht sich dort die Bauwerke von Antoni Gaudi an. Und wird wohl ein wenig stolz sein darauf, die Führungen in Spanisch mitmachen zu können, sich auf Spanisch einen Kaffee bestellen zu können. *Lebenslanges Lernen* - damit machen die Seniorenstudiengänge sogar Werbung.«

»Genaugenommen fängt sein Lernen ja erst im Alter an.«

»Einerseits. Er hat zunächst eben Anderes gelernt. Wie man mit Menschen umgeht, wie man beruhigend auf angespannte Leute zugeht.«

»Und – so wie du ihn beschreibst – er war immer offen, ja neugierig. Und jetzt ist er neugierig auf sein Alter, können wir jedenfalls annehmen, und darauf, was er damit machen kann.«

»Natürlich ist es die Frage, wie so ein Seniorenstudi sich dann in der Realität wirklich fühlt.«

»Und wie er von den jungen Leuten gesehen wird.«

»Man hört Verschiedenes. Wir hatten einen alten Mann in einigen Psychologievorlesungen. Er wußte es dauernd besser als der Dozent. Er redete ihm dazwischen. Stellte immer seine persönliche *Lebenserfahrung* gegen das, was der Dozent vortrug. Er betonte seine Lebenserfahrung so lange, bis es keiner mehr hören mochte.«

»Eine solche Einstellung würde aber wohl nicht passen zu unserem Straßenbahnfahrer hier. Bei dem stelle ich mir im Gegenteil so eine Art *Altersbescheidenheit* vor.«

»Ja, er wird wohl dankbar sein, dass er noch – oder jetzt endlich – lernen darf. Das wird vermutlich seine Einstellung sein. Aber es gibt auch die fiesen Alten. Nichts für ungut, Opa.«

»Weiß ich. Das können wir ja in der nächsten Variante durchspielen. Im Moment würde mich noch eher interessieren: Wie endet sein Leben? Doch nicht in der Vorlesung über Garcia Lorca? Ich meine, geht es immer so weiter oder verändert sich das noch mal?«

»Vielleicht ist er irgendwann *satt.* Im guten Sinne. Wenn er ganz alt ist, bleibt er doch eher zuhause. Hat sich El Pais abonniert und freut sich jeden Tag daran, mit dem Lexikon in der Hand eine spanische Tageszeitung lesen zu können. Außerdem ist ja anzunehmen, dass er über das Studium einige neue Kontakte geknüpft hat, zumindest zu anderen Senioren. Irgendwann ist das Studium dann auch zu Ende. Dann trifft man sich privat, geht gemeinsam in Ausstellungen, in Konzerte in der Stadt...«

»... wo man auf die Generation 85 Plus trifft ...«

»... oder spielt einfach Karten. Ich glaube, das Wichtigste ist nicht, bis zum physischen Ende dem nachzugehen, was man schon immer sich gewünscht hat, als man noch berufstätig war. Das Entscheidende ist wahrscheinlich, sich nach einigen Jahren sagen zu können *Ich hab es gemacht. Ich hab mir im Alter einen Traum verwirklicht. Und ich hab es geschafft* - Ich stelle mir vor, dass dies sehr befriedigend ist und bis ins hohe Alter trägt. Sicher gibt es auch die Unentwegten. Die nach dem Spanisch-Studium noch ein Theologiestudium anfangen. Warum nicht. Nur, wenn sie sich oder ihren Mitmenschen damit etwas beweisen müssen, könnte es anstrengend werden – vor allem für die Mitmenschen.«

»Da wären wir bei einem Reflex auf das heutige öffentliche Altersbild: Bloß nicht zeigen, dass die Kräfte nachlassen. Jeden Morgen sehe ich aus meinem Fenster einige meiner Altersgenossen auf edlen Sporträdern ins freie Gelände rausradeln: Supermodernes Outfit, engst anliegend, so dass man bei jedem nicht nur das Geschlecht erkennen kann, sondern auch, welcher Religion er angehört. Einen dramatischen Sturzhelm auf dem Kopf, verschiedene Meßgeräte am Lenker, den Energy-Drink an der Mittelstange. So keuchen sie durch die Stadt und machen dann die Landstraßen unsicher. Es sind immer nur Männer. Sie können nicht aufhören mit ihrem Männlichkeitsgetue.«

»Du bist hart. Gut, das gibt es. Aber unser Straßenbahnfahrer ist das nicht. Ich glaube wirklich, er wird zufrieden sein.«

»Und seine Frau wahrscheinlich auch. Es wird ja dann nicht annähernd so nervig gewesen sein, wie sie das befürchtet. Im Gegenteil: Jeder von ihnen beiden hat sein eigenes Leben. Er ist an der Uni, sie arbeitet noch ein paar Jahre. Jeden Abend erzählen sie sich gegenseitig von ihren Erlebnissen. Und auch als sie in Rente geht … Hast du sie eigentlich auch interviewt?«

»Ja, sie kommt später dran.«

»Sein Lebensende wird aller Wahrscheinlichkeit nach ein entspanntes sein. Da ist etwas rund, wenn es so kommt, wie wir uns das vorstellen. Rund, auch wenn der erste und längere Teil seiner Biographie sich erst mal gar nicht so abspielt, wie er sich das als Jugendlicher vorgestellt hatte.«

Leben aus der Vergangenheit

»Jetzt laß uns eine andere Variante durchgehen. Der wichtigtuerische Alte.«

»Können wir machen. Auf der nächsten Bank?«

Sie gehen ein Stück. Opa Theo denkt sich schon mal gerne ein paar Gemeinheiten aus.

»Bin schon im Stoff«, sagt er noch im Gehen. Als sie wieder Platz nehmen, sagt Emily: »Dann leg los.«

»In der zweiten Variante klappt das so nicht, was in der ersten Variante gut geklappt hat. Nehmen wir an, das mit dem Seniorenstudium ist nicht möglich. Die nächstgelegene Universität bietet eben doch keinen Senioren-Studiengang an. Oder es ist zu teuer.«

»Könnte sein. Pro Semester zahlt man immerhin bis zu 300 €. Dann kommen die Kosten für die Studienbücher hinzu. Gerade im Sprachenstudium ist das ein dicker Posten.«

»Was macht er also? Er fängt an, sein bisheriges Leben, das ja hauptsächlich aus dem Berufsleben besteht, zu sortieren, aufzuarbeiten, auszuschlachten sogar, weil es eben nichts Anderes gibt. Er hat Tausende von Fotos von früher: Wie er nach bestandener Fahrprüfung stolz vorne am Führerpult steht. Die standen damals ja noch, die Fahrer. Polaroid-Fotos, die ausländische Fahrgäste von ihm gemacht haben. Fotos, die die Stadtwerke selbst von ihm angefertigt haben anläßlich seiner eintausendsten Fahrt. Fotos von einem Verkehrsunfall, als ihm ein PKW in die Bahn fuhr. Die Akte von der Gerichtsverhandlung hat er im Keller aufbewahrt. Fotos, als die neuen Uniformen eingeführt wurden. Fotos, ohne ihn zwar, aber mit den neuen Triebwagen. Fotos von ihm beim Erste-Hilfe-Kurs. Fotos von ihm, wie er an der Endhaltestelle die Sandbox auffüllt. Das liegt alles in einer Kiste, durcheinander. Jetzt legt er Alben an.

Eines ums andere. Schreibt mehr oder weniger lange Kommentare zu jedem Foto dazu. Wenn seine Frau von der Arbeit nachhause kommt, sie ist noch kaum aus dem Mantel geschlüpft, traktiert er sie mit den Alben, die er am Morgen beklebt hat. Und liest ihr die Kommentare dazu vor. An manchen Tagen trifft sie ihn in großer Anspannung an, wenn er einige Fotos nicht ohne weiteres zeitlich einordnen konnte. Wann war das mit den Japanern, die sich zu ihm an den Führerstand gestellt haben und sich mit ihm gegenseitig fotografiert haben? Und wo sind eigentlich die Fotos von seinem Enkel, den er in die damals neue Fahrerkabine mitnahm? Da rätselt er schon mal den ganzen Tag herum, fragt seine Frau immer wieder das gleiche, stöbert auf dem Dachboden. Wo sind die Fotos bloß?«

»Es kommt also genau so, wie seine Frau das befürchtet hat?«

»Nur schlimmer. Er macht einen solchen monatelangen Aufstand um die Fotos, dass es ihr lieber gewesen wäre, er würde doch nur einfach auf dem Sofa sitzen und die Zeitung lesen. Dem Sohn und der Schwiegertochter läuft er mit den Alben geradezu hinterher. Zu jedem Foto hat er eine höchst wichtige Geschichte zu erzählen. Dann fällt ihm ein, dass seine Nachbarn in der Siedlung die Fotos ja unbedingt auch sehen müssen. Er löst die meisten wieder aus den Alben, geht ins Fotogeschäft, will Dias davon abziehen lassen. Man lächelt ihn geduldig an. Dias gibt's nicht mehr. Man klärt ihn auf, dass man Fotos heute digitalisiert und auf eine Scheibe brennt.

Nun hat er ein Projekt, mit dem er nicht nur seine Frau, sondern auch den Verkäufer im Elektronikgeschäft nervt: Welche Gerätschaften und Kabel braucht er nun, um die auf CD gezogenen Fotos zeigen zu können? Ein paar Hundert Euro werden investiert für einen neuen Fernseher, an den man den PC anschließen kann. Seine Frau ist entsetzt. Tut nichts zur Sache. Die Nachbarn werden eingeladen. Umständlich führt er die Fotos vor. Sein Enkel, der für ein Wochenende bei Oma und Opa ist, muß auch dran glauben.

Nun müssen die Fotos ja wieder eingeklebt werden. Wo gehört jetzt welches hin?

Selbst beim Einkaufen, in der Schlange an der Kasse, ist er imstande, seinem Hintermann von seinen Erlebnissen als Straßenbahnfahrer zu erzählen. Zwischendrin sagt er immer *Das kann ich beweisen* und zieht einige Fotos aus der Tasche. Die hat er vorsorglich kopieren lassen und hat sie immer bei sich. Man weiß ja nie.

Als dann so ungefähr alle im Ort die Fotos gesehen und die Geschichten dazu gehört haben, widmet er sich der Akte mit den Unterlagen aus dem Gerichtsprozeß, liest sie wieder und wieder. Liest seiner Frau daraus vor, während sie das Mittagsessen macht. Entdeckt Ungenauigkeiten. Schreibt dem damaligen Richter. Bekommt keine Antwort. Die Sache ist zwanzig Jahre her. Schreibt einen Beschwerdebrief an den Gerichtspräsidenten. Bekommt eine nichtssagende Antwort von der Vorzimmersekretärin. Zwar ist damals einwandfrei festgestellt worden, dass er keine Schuld an dem Unfall trug. Im Protokoll steht aber, er sei mit 40 km/h gefahren. Das empört ihn. Der Unfall passierte kurz vor einer Haltestelle. Wie kann man ihm unterstellen, dass er da noch 40 km/h drauf hatte? Er ist garantiert nicht 40 gefahren. *Garantiert* ruft er durchs Haus. Und er schreibt sich auf seine Straßenbahnfahrerfahne, dass er diese Ungerechtigkeit aus der Welt schaffen wird. *Es ist doch keine Ungerechtigkeit,* sagt seine Frau, *allenfalls eine Ungenauigkeit. - Ungenauigkeit?* ruft er aufgeregt. *Ein deutsches Gericht! Ungenauigkeit bei Gericht führt zu Ungerechtigkeit!.* Er geht an die Lokalpresse. Dort wird er abgewimmelt. Die Sache ist zwanzig Jahre her, Herr Straßenbahnfahrer a.D.

Wenn die mal nicht mit der Justiz unter einer Ecke stecken, sagt er zu einem Nachbarn, dem er die Geschichte haarklein erzählt und der eigentlich nur überlegt, wie er da schnellstens wieder raus kommt. Ja, er könnte ein fieser, weil frustrierter Alter werden. Einer, der nur von der Vergangenheit lebt, einer, der sich in seinem neuen Lebensabschnitt Bedeutung gibt, indem er jetzt Probleme aufarbeitet, die damals keine waren.«

»Gut, Opa, jetzt hab ich davon genug, lass uns die dritte ...«

»Gleich. Auch diese Entwicklung ist nicht ausgedacht, Emily. Es gibt sie. In der Freiheit des Alters liegt es auch, zu beschließen, nur aus der Vergangenheit zu leben.«

»Beschließt man das wirklich? Du sagtest ja selbst, Ausgangspunkt ist der Frust, einen Lebenstraum nicht mehr verwirklichen zu können.«

»Alternativen gibt es immer. Das werden wir gleich sehen. Der Beschluß liegt darin, diese Alternativen zu übersehen; er liegt darin, sich aufgrund einer Frustration für berechtigt zu halten, anderen auf die Nerven zu gehen, andere mit den eigenen alten Geschichten zu traktieren. Es gibt Alte, die meinen, einfach weil sie alt sind, sei alles, was sie zum Besten zu geben haben, enorm interessant und wichtig.«

»Eigentlich tragisch. Man will wenigstens nachträglich seinem Leben Bedeutung geben, weil nichts Anderes mehr zu kommen scheint.«

»Ja, so.«

Ein Ehrenamt

»Du sagst, es gibt immer Alternativen. Gehen wir doch mal eine Variante durch, bei der unser Straßenbahnfahrer trotz des Frusts, nicht studieren zu können, doch noch zu Zufriedenheit im Alter kommt.«

»Wir könnten an seinem Interesse an den Fahrgästen, ihren Geschichten und manchmal auch Nöten ansetzen und an seiner Fähigkeit und Bereitschaft zuzuhören.«

»Also?«

»Als ihm klar wird, dass das mit dem Seniorenstudium nichts wird, stöbert er im Internet, eigentlich nach einem kleinen Job, einfach um eine Beschäftigung zu haben. Dabei stößt er auf die Freiwilligenagenturen, die es jetzt überall gibt, lokal und bundesweit wie den Bundesfreiwilligendienst. Beim Weitersurfen stößt er auf die Telefonseelsorge. Die suchen Leute, die zuhören können und gute Nerven haben. Da hat etwas Resonanz bei ihm.«

»Telefonseelsorge? Wollen die nicht eher Leute aus sozialen Berufen? Ich meine, kann man einen ehemaligen Straßenbahnfahrer auf einen suizidalen Menschen loslassen?«

»Unterschätze mir deinen Straßenbahnfahrer nicht. Zuerst muß er ja eine einjährige Ausbildung durchlaufen. Ich glaube, die machen da auch Rollenspiele, um das einzuüben. Er kann lernen. Er möchte lernen. Er vertieft zuhause, was er in den Kursen lernt. Liest jede Menge. In seinem Alter, in seiner Generation holt man sich das nicht nur aus dem Internet, man geht in die Bibliothek. Ein sinnliches Erlebnis, das manche jungen Leute gar nicht mehr kennen. Außerdem kommt er so dann doch noch in die Uni. Er liest über Mobbing und was es für die Opfer bedeutet. Liest über Süchte. Über Eheprobleme. Dann sein erster Einsatz: Eine Jugendliche, die von zuhause weggelaufen ist. Er hört ihr zu, muß nicht viel sagen. Sie will nur erzählen und hofft, dass man ihr glaubt. Am Ende kann er sie an das Sleep-In verweisen. Da wäre sie erst mal aufgehoben.

Es ist auch gesundheitlich eine Herausforderung: Er macht nun doch wieder Schichtdienst, nicht so viel wie früher natürlich, zehn bis fünfzehn Stunden im Monat. Aber er muß auch bereit sein, sich auch mal nachts einsetzen zu lassen.

In den gemeinsamen Supervisionen hat er regelmäßig die Möglichkeit, sich auszutauschen, vor allem darüber, was ihm nachhängt nach so einer Schicht. Wird die Jugendliche sich wirklich beim Sleep-In gemeldet haben? Wie mag es mit der einsamen alten Frau – vielleicht war sie auch etwas verwirrt – weitergegangen sein, die ihm erzählte, wie ihr die Freunde einer nach dem anderen weggestorben sind?

In der Anfangszeit macht ihm am meisten zu schaffen, dass er die Probleme der Anrufer nicht lösen kann. Soll er ja auch nicht. Das haben sie schon bei der Ausbildung gesagt. Trotzdem empfindet er bei fast jedem Anruf so einen Lösungsdruck. Dass er so einen konkreten Hinweis geben kann wie bei der Jugendlichen, ist eher selten.
Was er gut hinbekommt, ist das nicht-beurteilende Zuhören. Ich bin sicher, das kann er gut. Nicht seine Meinung ist gefragt, sondern dass er zuhört und ernst nimmt, was vorgebracht wird. Erst übertreibt er das vielleicht mit dem Nicht-Beurteilen. Seine Frau erzählt ihm von einem Ärger bei der Arbeit, will seine Meinung oder seine Solidarität hören, da sagt er nur *Ja, das kann ich gut nachvollziehen.* Da regt sie sich noch mehr auf. Aber nach einiger Zeit hat er das wohl raus, wo das nicht-urteilende Zuhören hingehört und wo nicht. Später lachen die beiden über solche Anfängerkrankheiten. Langfristig ist es etwas Anderes, was er aus dieser ehrenamtlichen Tätigkeit in seinen privaten Alltag trägt: Er ist sehr ausgeglichen, stark, souverän, ohne überheblich zu sein.«

»Es tut auch ihm gut?«

»Ja, wenn es gut läuft, hat er daran eine nachhaltige Befriedigung. Und er kann das Nicht-Beurteilen in seinen eigenen Lebensrückblick hineinnehmen. Da passt es auch. Er gelangt zu der Haltung, dass er es nicht beurteilen muß, dass er nicht studieren konnte. Alles, was war, war eben so, wie es war. Es geht nicht darum, ob etwas richtig oder falsch war. Sondern er hat getan, was anlag und was möglich war. Jede Beurteilung ist überflüssig. Ich glaube, meine liebe Emily, das ist eine große Freiheit des Alters – zu der man auch kommen kann, ohne bei der Telefonseelsorge zu arbeiten -, dass man erkennt, dass man nicht immer alles beurteilen muß, auch die Erscheinungen der Gegenwart nicht. Man muß nicht zu allem eine Meinung haben. Das ist eine sehr befreiende Einsicht. Was geschieht, hat seine Bedeutung darin, dass es geschieht. Man muß das weder aufwerten noch abwerten durch *Meinungen*. Kann es sein, dass gerade dann die Dinge sich fügen, wenn man sie nicht beurteilt? Durch das Beurteilen werden Freiheitsgrade eingeschränkt.«

»Vielleicht ist das die eigentliche Altersweisheit«, sagt Emily.

»Jedenfalls die heute einzig sinnvolle. Früher verstand man unter Altersweisheit die Summe der Lebenserfahrungen oder den Extrakt daraus. Die Alten wurden dafür geehrt, einfach dafür, dass sie viel Erfahrung hatten. So rapide, wie die Verhältnisse sich heute weiterentwickeln, nützt das aber nicht mehr viel. Mein Nachbar war im Betriebsrat.

Er versteht etwas von Konflikten und vom Umgang damit. Das ist Teil seiner Lebenserfahrung. Aber wer braucht das heute? Heutzutage werden, besonders unter jungen Menschen, Konflikte über SMS, im Chat, über Facebook ausgetragen. Was nützt hier seine Lebenserfahrung im Umgang mit Konflikten? Es fragt ihn auch keiner danach.
Ja, Altersweisheit erscheint heute im Loslassen der eigenen Meinungen und Erfahrungen zu bestehen und darin, offen oder sogar neugierig zu sein für das, was heute *abgeht*, wie junge Leute sagen.«

»Also ist mein Straßenbahnfahrer *altersweise* geworden.«

»In dieser Variante jedenfalls ja. In der vorigen entsteht das Gegenteil. Da bleibt einer in seinen Erfahrungen hängen und registriert nicht, dass niemand etwas damit anfangen kann und will. Es gibt eine Altersdummheit. Ich rede jetzt nicht von Demenz. Altersdummheit nenne ich dieses Beharren auf dem, was früher war und galt. Wenn die Gegenwart des Alters nur eine Fortschreibung der Vergangenheit ist oder, noch tragischer, wenn sie wie in Variante zwei nur eine nacharbeitende Wiederholung der Vergangenheit ist. ... Verschenktes Alter! Das ist Altersdummheit.«

»Wobei das, mein lieber Herr Großvater, eine Beurteilung ist.«

»Ich muß ja auch noch nicht altersweise sein. Ich vermute, die Altersweisheit bricht bei mir in sechs Wochen aus. An meinen 83. Geburtstag.«

»Im Ernst, Opa. Gibt es nicht ein berechtigtes, gesundes Rückblick- und Bilanzbedürfnis beim alten Menschen?«

»Gibt es. Muß es auch geben. Aber am Ende des Lebens, meine Liebe, nicht als dauernde und einzige Beschäftigung ab Ruhestand.«

»Vielleicht passt das in meinen nächsten Fall.«

6

Herr C., will Vorbild sein

Als Emily kommt, brennt auf dem Couchtisch eine Kerze. An der Garderobe hängt Opas dunkler Anzug.

»Du warst in der Kirche heute Morgen?«

»Ja. Es ist Omas achter Todestag.«

»Sollen wir heute lieber …?«

»Kommt nicht in Frage. Es geht mir gut. Du kannst anfangen.«

»Heute geht es um Herrn C., das Vorbild.«

»Das Vorbild?«

»Insgeheim nenne ich ihn so. Herr C. möchte im Alter Vorbild sein. Ich komme gleich darauf. Er war beim Interview in ziemlich angespannter Stimmung. Kurz vorher war ihm gekündigt worden, vielmehr sein Vertrag wurde nicht verlängert. Die Kommunen würden ja immer zuerst bei der Kultur sparen, sagt er. Er war Theaterregisseur. Er hatte jeweils nur für eine

Saison einen Vertrag. Jetzt ist er 62 und kann, sagt er, kaum noch mit einem neuen Engagement rechnen. Die Klassiker wolle man ja auch nicht mehr sehen. Sie seien seine Leidenschaft gewesen, seine Mission geradezu. Wenn man heute noch Klassiker zeige, dann nur noch schrill, mit Feuerwerk, Lärm, Nacktszenen, Videoclips und dergleichen. Kabale und Liebe am Hauptbahnhof. Es gebe nur noch wenige Regisseure und übrigens auch nur noch wenige Schauspieler, die Stücke wie Wallenstein, Hedda Gabler oder Hamlet nicht nur aufführen könnten, sondern es auch wollten. Die Intendanten wollten das aber nicht mehr. Sie meinten, um das Publikum ins Theater zu holen, brauche es Fäkalsprache, eine möglichst unverständliche oder besser noch gar keine Handlung, tagespolitische Bezüge und immer wieder nur ordinären Geschlechterkampf. Er sei sich aber sicher, dass auf die Dauer nur die klassische Theaterkunst Bestand haben würde. Für diese wolle er sich im Alter weiter einsetzen, auch ohne vertraglich engagiert zu sein.
Nach seinen weiteren Vorstellungen über sein Alter befragt, sagt Herr C., er habe keine speziellen Vorstellungen. Er wolle einfach weiter Theater machen, notfalls ehrenamtlich.«

»Bedenklich, wenn das Ehrenamt ein biographischer Notfall ist, der vor allem dem Ehrenamtler selbst helfen soll.«

»Herr C. meint, der Nachwuchs könne eine Menge lernen von Theaterleuten wie ihm. Er sei bereit, seine Erfahrung weiterzugeben.«

»So kommst du auf *Vorbild*?«

»Das hat er selbst gesagt. Zumindest indirekt. Die jungen Leute, die heute in die Schauspielerei, in die Dramaturgie, ins Regiefach strebten, bräuchten Vorbilder, Wegweiser. Viele wollten lieber gleich ins Fernsehen, weil sie meinten, dort rasch bekannt zu werden. Da blieben sie dann in einer Nebenrolle in irgendeiner Seifenoper, irgendeiner Vorabendserie hängen. Das sei dann eine traurige Bekanntheit, aus der sie nicht wieder herauskommen würden. Er selbst sei nach dem Abitur auf die Schauspielschule gegangen, habe dann angefangen mit kleinen Rollen in der Provinz. Dort habe er sich unter Insidern einen Namen gemacht. Man habe ihn beinahe schon engagiert gehabt nach München. Da sei er aber abgesprungen und habe erst mal Theaterpädagogik angefangen zu studieren. Es sei ihm schon damals daran gelegen gewesen, das Theater, das Spielen, diese verdichtete Wirklichkeit auch an die Jugend heranzubringen. Als sich ein Engagement als Regisseur an einem Kindertheater anbot, habe er zugegriffen und das Studium wieder aufgegeben.
An dieser Stelle des Gesprächs holte Herr C. zwei Ordner aus einem Schrank, die prall gefüllt waren

mit Pressartikeln und Fotos. Er forderte mich auf, die Ordner durchzublättern. Hatte nun zu jedem Artikel, jedem Foto eine Episode zum Besten zu geben. Er habe durchweg positive Kritiken bekommen. Wenn mal ein krittelnder Ton dabei gewesen sei, habe das die Intendanz zu verantworten gehabt: Oft seien Mittel noch bei der Probezeit gekürzt worden, Schauspieler seien ausgebeutet worden bis zur Erschöpfung, hätten immer noch mehr Rollen spielen müssen. Das sei dann manchmal auf Kosten der Qualität gegangen. Er, Herr C., habe immer Verständnis für die Schauspieler gehabt. Trotzdem habe er das Äußerste von ihnen verlangt. Man müsse die Schauspieler führen, sagt er, das würde ihnen Sicherheit geben.«

»Kann ich nicht beurteilen. Aber es klingt so, als hätte er dich von etwas überzeugen wollen.«

»Ja, es war ein gewisser Druck da, dass ich seine Lebensleistung anerkennen, wenn nicht bewundern sollte. Dieses Interview strengte mich auch sehr an.«

»Hat er auch ein Privatleben?«

»Von diesem Teil zu hören, war genauso anstrengend. Aus seiner ersten Beziehung sei ein Sohn hervorgegangen. Da die Frau nach kurzer Zeit mit dem Kind *abgehauen* sei, wie er sich ausdrückte, habe er diesen Jungen nie mehr gesehen. An dieser Stelle wurde Herr C. nervös. Wenn ich jetzt schon mal da

sei und wir über sein Leben sprächen, wolle er mir auch erzählen, dass just vor ein paar Wochen gerade dieser Sohn – er sei inzwischen 38 – sich mit einem Brief gemeldet habe. Er wolle seinen Vater kennenlernen und ob er zu einem Treffen bereit sei. Er, Herr C., sei mächtig aufgeregt deswegen. Es sei noch nichts Konkretes vereinbart. Er habe aber schon mal zugesagt, auch wenn er im Moment überhaupt keine Vorstellung hätte, wie so ein Treffen ablaufen könnte. Wird der Sohn ihm Vorwürfe machen? Wie sollte er seinem Sohn erklären, dass man als Theaterregisseur ein Wanderarbeiter ist, dass man heute hier arbeitet und zwar intensiv - von Acht-Stunden-Tag könne ja keine Rede sein - morgen dort? Da könne man sich nicht um Familie kümmern. Außerdem sei die Mutter des gemeinsamen Kindes ja regelrecht untergetaucht. Und wie spricht man sich an, wenn man sich das erste Mal sieht? Mit *Du* oder mit *Sie* ? Mit welchen Fragen müsse er rechnen? Was mag ihm, dem Sohn, seine Mutter über seinen Vater erzählt haben? Also, alles in allem, es sei für ihn zu früh für einen konkreten Termin.
Aus einer zweiten Beziehung habe er eine Tochter. Die sei jetzt 24. Diese habe er öfter gesehen, da er zu der Mutter nach der Trennung ein durchaus freundschaftliches Verhältnis gehabt habe. Später habe sich die Tochter von ihm zurückgezogen. Erst vor zwei Jahren habe er wieder von ihr gehört, nämlich über

einen Anwalt: Sie forderte Unterhalt für ihre Studienzeit. Das ziehe sich nun schon zwei Jahre hin. Es komme ihm wie ein Ping-Pong-Spiel zwischen den Anwälten vor. Es sei ihm egal, was da letztlich herauskomme. Eine Tochter, die gegen ihren eigenen Vater klagen will, sei für ihn sowieso unten durch.
Da mich ja auch das soziale Netzwerk interessiert, das im Alter relevant werden könnte, habe ich ihn nach Freunden gefragt. Mir schien, ich hatte ein heikles Thema angeschnitten. Zuerst erzählte er mit lauter Stimme und großer Geste, dass er mit Hunderten von Leuten befreundet sei. Das bringe das Theaterleben so mit sich. Als nächstes schimpfte er, ebenso laut, über frühere Freunde, die sich von ihm abgewendet hätten, weil er seiner Linie …«

»Er meint, klassische Stücke klassisch zu inszenieren?«

»Ja. Weil er seiner Linie treu geblieben sei. Aber er renne den Leuten nicht hinterher. Er verkaufe nicht seine künstlerischen Überzeugungen für eine Party-Einladung. – Es war mir etwas peinlich, offen gestanden.«

Herr C. mischt die Naturbühne auf

»Vielleicht ist der Mann gar nicht so eindimensional, wie deine Schilderung nahelegt«, sagt Opa und zündet sich eine Zigarette an. »Aber fahren wir erst mal die Schiene weiter, die du angelegt hat.«

»Welche Schiene hab ich angelegt? Er rang in dem Interview sehr um Bestätigung und Anerkennung.«

»Er ist ein Theatermensch. Er lebt vom Applaus. Nehmen wir deshalb als erstes an, dass er das wieder sucht. Es kann ja sein, dass er nach seiner Kündigung, von der Kränkung abgesehen, auch ganz froh ist, die institutionellen Zwänge des Theaterlebens los zu sein, die sicherlich oft zermürbenden Auseinandersetzungen mit der Direktion um das Budget, mit Dramaturgen, mit Bühnentechnikern. Herr C. könnte jetzt, da er freigestellt ist, auf die Idee kommen, seine Erfahrung Laienbühnen zur Verfügung zu stellen.«

»Ob die das wollen?«

»Das wird wahrscheinlich nicht seine erste Frage sein. Er setzt es eher voraus. Er nimmt Kontakt zu einem Freilichttheater auf, eine Naturbühne, wo sie auf enger Bühne im Wald, open air, Stücke aufführen wie *Der Zauberer von Oz, Ronja Räubertocher* oder auch mal den *zerbrochenen Krug*. Er sieht sich das an und ist amüsiert über die Unprofessionalität.

Auf den Vorbereitungstreffen erklärt er den Schauspielern erst mal die Welt. Man ist beeindruckt, aber auch etwas befremdet. Plötzlich sollen sie Stimm- und Sprechübungen machen, Improvisationen. Während der Proben findet er ständig Anlass, von seinen Erfahrungen, seinen Erfolgen und seiner *Linie* zu dozieren. Er möchte eben Vorbild sein, jetzt im Alter, wie er selbst gesagt hat, erst recht. Er läuft ständig mit einem Lorbeerkranz herum, erwartet Bewunderung und Dankbarkeit, dass sich so ein Profi mit einem Laientheater abgibt. Er sieht nicht, dass er dem Laientheater das nimmt, wovon es lebt: seine Naivität und Natürlichkeit.
Es könnte auch in die Gruppe der Spieler Unruhe hineinkommen. Da spielen schließlich auch jüngere Frauen mit. Er sucht bei ihnen mehr als Bewunderung. Vielleicht muß er sich anhand einiger dieser Damen beweisen, wie vital er noch ist. Es kommt zu Intimitäten mit der einen und anderen. Dann wieder zum Bruch. Es gibt alternde Männer, die sich, wenn das Haar schütter wird, Haarimplantate setzen lassen. Wenn man ein Theatermensch ist, muß man eine gewaltige Mähne haben, nicht wahr? Ein oder zwei Frauen verlassen die Truppe nach einer ebenso heftigen wie kurzen Episode mit ihm. Es kommt zu Eifersüchteleien und Parteiungen. Die einen stellen sich unter seine Fahne, die anderen wollen zurück zum naiven Laienspiel. Das hat einfach nur

Spaß gemacht. Was ein schönes Hobby für die Truppe gewesen war, ist jetzt Arbeit und Anspruch.
Wer würde sich trauen, ihm die Grenzen zu zeigen? Würde er verstehen können, dass er da etwas ruiniert?
Vielleicht spürt er, dass etwas nicht stimmt. Er versucht es auf der sozialen Schiene, lädt alle zu sich nachhause ein. Die Hälfte kommt nicht. Er meint, die Truppe anspornen und zusammenschweißen zu können, indem er sie für einen Wettbewerb der Naturbühnen anmeldet. Einige Leute treten aus. Irgendwann wird das Projekt gescheitert sein. Er wird mit Getöse alles hinschmeißen. Wie mag es dann weitergehen?«

»Er sucht die nächste Laienbühne?«

»Das wäre zu krass. Eher denke ich, er versucht als nächstes, selbst eine Truppe zusammenzustellen, die er von vorn herein nach seinen Vorstellungen heranbilden kann. Junge Schauspieler, die kein Engagement bekommen haben, aber sich von dem Projekt ein Sprungbrett in die große Theaterwelt versprechen. Vielleicht findet er in irgendeiner Kleinstadt ein leerstehendes Fabrikgebäude, einen Bürgermeister, dem die Idee schmeichelt, ein eigenes Theater im Städtchen zu haben. Er ist Mittelpunkt, inszeniert sich als Theater-Guru.«

»Jetzt vergaloppierst du dich. Es ist nicht realistisch.«

»Richtig. Ist es nicht. Aber ganz unwahrscheinlich ist es auch nicht, dass er es versucht.«

»So endet sein Theaterleben im Alter mit einem Scheitern?«

»Es wird immer das Scheitern der Anderen gewesen sein.«

Theaterspiel mit Dementen

»Nun sagst du ja selbst, so eindimensional muß er ja gar nicht sein. Welchen anderen Weg können wir uns vorstellen für sein Alter?«

»Das Treffen mit dem Sohn, den er nach 38 Jahren wiedersieht, es könnte eine Wende in eine andere Richtung bringen, es könnte eine andere Saite in ihm anschlagen.
Sicherlich werden beide aufgeregt sein. Wenn beide ehrlich genug sind, das gleich zu Anfang zu formulieren, braucht man sich im weiteren Verlauf des Gesprächs gegenseitig nichts vorzumachen. Nehmen wir an, Herr C. kann hier zuhören. Eigentlich müßte er als Theaterregisseur diese Fähigkeit haben. Da muß er heraushören, wer so ein Schauspieler ist, was ihm möglich ist, was ihn antreibt, wo seine Grenzen sind. Wenn er diese Fähigkeit bei dem Treffen einsetzt, schafft er erst einmal Raum für den Sohn,

auf dessen Anregung das Treffen schließlich zurückgeht. Er braucht keine Bange zu haben, nicht von sich erzählen zu können. Der Sohn wird ihn befragen, nachdem er von sich erzählt hat. Es kann ein gegenseitiges Interesse entstehen. Der Sohn wird erwachsen genug sein, auf Vorwürfe verzichten zu können nach der Art *Warum hast du dich nicht um mich gekümmert?*. Der Vater muß sich nicht rechtfertigen. Die Frage wird trotzdem im Raum sein. Aber wenn der Sohn auf Vorhaltungen verzichtet, kann der Vater auf Selbstrechtfertigungen verzichten. Sie werden die Zeit vergessen. Sie werden Erinnerungen an die Mutter austauschen. Und es könnte etwas entstehen aus ihrem Treffen.«

»Eine Verabredung? Dass man sich regelmäßig treffen will?«

»Das wahrscheinlich auch. Aber ich habe etwas Anderes im Auge. Bei diesem oder einem der weiteren Treffen könnte eine Idee entstehen, die Vater und Sohn in unerwarteter Weise – nach 38 Jahren wohlgemerkt – zusammenführt. Ich behaupte jetzt mal, der Sohn ist Leiter einer Tagesstätte für Demenzkranke.«

»Wie naheliegend.«

»Spar dir die Ironie. Es ist jedenfalls nicht unmöglich. Nun taucht in ihrem gegenseitigen Erzählen der Gedanke auf, Theaterarbeit mit Dementen zu machen.«

»Ebenfalls sehr naheliegend. Wie soll das gehen?«

»Warte es ab. Beide sind plötzlich von der gleichen Begeisterung beseelt. Der Sohn verspricht sich dadurch eine Aktivierung der Demenzkranken. Er sagt, er kann sich vorstellen, dass durch das Theaterspielen noch verborgene Fähigkeiten und Ressourcen angesprochen werden.«

»Es gibt Alzheimer-Kranke, die reden überhaupt nicht mehr. Wie sollen sie ...?«

»Theaterspielen besteht ja nicht nur aus Sprechen. Aber so weit sind wir noch nicht. Wesentlich wäre jetzt zunächst einmal, dass Herr C. – anders als in der ersten Variante - sich zuerst ein Bild macht, bevor er loslegt. So wie er sich früher ein Bild von den einzelnen Schauspielern gemacht hatte, wird er sich hier als erstes ein Bild von Demenzkranken machen. Er wird beim Sohn hospitieren einige Wochen.«

»Das ist mir zu kitschig. Vater und Sohn plötzlich wieder vereint, nachdem sie 38 Jahre nichts miteinander zu tun gehabt haben.«

»Dann eben in einer anderen Dementen-Einrichtung. Trotzdem geht es darum, über eine gemeinsame Idee, ein gemeinsames Projekt, sich gegenseitig zu finden. – Also, Herr C. erarbeitet sich ein Bild davon, was Demenz ist.«

»Wie anfangen? Wie bekommt man die Leute ans Spielen?«

»Durch Singen, könnte ich mir vorstellen. Lieder, die sie kennen. Auch Demente, die kaum sprechen, können oft noch singen. Sie werden durch das gemeinsame Singen mitgetragen. Lieder aus ihrer Kindheit, ihrer Jugend. Dazu steht man auf. Eine Pflegerin fängt an zu gehen im Raum, im Takt des Lieds. Die ersten schließen sich an, weitere werden wie von innen mitgezogen. Der Zug geht durch den Saal, auf eine Bühne. Wenn das Lied zu Ende ist, verneigen sich alle. So verstehen sie mit der Zeit, dass es um eine Aufführung geht. Aber zurück zur Tagesklinik des Sohnes. Herr C. führt erst Gespräche mit denjenigen Alten, die zu einem zusammenhängenden Gespräch noch in der Lage sind. Bei den anderen spricht er mit den Angehörigen. Was waren die Vorlieben des Betreffenden? Was hat er gerne gesungen, gehört? Hat er Lieblingsmärchen? Was war *seine Zeit?* Wenn seine Jugend in den fünfziger Jahren stattgefunden hat, weiß man schon mal, dass man *Oh, mein Papa* einsetzen könnte. Was waren Episoden seines Lebens? Vielleicht ist einer gerne gewandert. Daraus könnte man eine Wanderszene machen. Ein anderer war Zimmermann auf einer Werft. Man kann eine Szene mit einen Schiff entwickeln. Die Erinnerung wird kommen.«

»Und daraus wird ein Theaterstück?«

»Muß ja nicht ein langes Stück im üblichen Sinne sein. Es können kleine Szenen werden, die das persönliche Erleben der Spielenden aufgreifen. Eine kleine Romanze. Ein kleines Tanzstück.«

»Bewegungseingeschränkte Demente, die vielleicht nicht mehr wissen, wie sie vom Sofa aufstehen sollen, sollen tanzen?«

»Hast du schon mal gesehen, wenn im Altersheim die Schlaganfallpatienten mit ihren Halbseitenlähmungen, die bestenfalls am Stock gehen, wenn sie nicht überhaupt im Rollstuhl sitzen, wie die ans Tanzen kommen, wenn sie die Lieder ihrer Jugend hören - *Ach, sag doch nicht immer wieder Dicker zu mir* oder *Kleine weiße Möwe?*«

»Das hat dir dein Norbert erzählt.«

»Ich hab´s selbst gesehen. Bei einer Karnevalsfeier im Altenheim.«

»Opa. Du beim Karneval?«

»Können wir das jetzt lassen? Wir sind bei Herrn C. Also: er könnte zum Beispiel je zwei Alte dezent anleiten, eine kleine Romanze zu spielen. Immer Zwei spielen die gleiche Szene. Aber sie wird jedes Mal anders. Jeder bringt sein persönliches Erleben ein, seine eigene Geschichte und vor allem seine eigene

Emotionalität. Ich stelle mir das sehr belebend für die Alten vor. Auf die Dauer werden sie vielleicht sogar etwas aufgeschlossener, auch im Alltag, für ihre Umgebung.«

»Kann das nicht ein wenig peinlich wirken? Zwei alte Demente spielen ein junges Paar, das sich verliebt?«

»Das kommt auf die Haltung des Betrachters an, ob das peinlich ist oder nicht. Erst mal geht es ja nicht um eine öffentliche Aufführung. Die Alten spielen gegenseitig für sich. Es könnte sehr authentisch wirken, gerade nicht wie gespielt.«

»Und unser Theaterregisseur? Ist er zufrieden damit?«

»In doppelter Hinsicht. Er hat einen Platz gefunden, seine Kompetenz einzubringen, ohne sich aufzudrängen. Es ist jetzt ein fast therapeutischer Zusammenhang. Das ist ganz neu für ihn. Er wird, wie gesagt, keine langen Stücke einstudieren, keiner muß Text auswendig lernen. Die Kunst ist, die Situation, die Szene so zu gestalten, dass die Spieler von selbst das Passende tun oder sagen.
Der andere Gewinn ist die Rückkehr des verlorenen Sohnes.«

»Oder besser: die Rückkehr des verlorenen Vaters.«

»Ja, so sollte man es sehen. Herr C. findet sich mit seinem Sohn, der ja ein Fremder ist, zusammen, indem er sein gebündeltes Können einbringt und sich gleichzeitig zurücknimmt. Er braucht seinen professionellen Ehrgeiz nicht mehr. Er lernt eine Menge, nicht zuletzt über sich, durch dieses Projekt. Vater und Sohn haben sich gefunden. Eine Versöhnung hat stattgefunden.«

»Sie hatten ja keinen Streit.«

»Ich meine, eine Versöhnung mit dem eigenen Leben, mit dem, wie es eben gewesen ist. Das haben wir in dem anderen Fall neulich schon gesehen. Das ist etwas sehr Wertvolles, wenn man das im Alter erreicht. Herr C. braucht sich nicht zu rechtfertigen. Natürlich wußte er in einem hinteren Stübchen seines Herzens schon immer, dass es feige oder einfach bequem war, sich nie um den Sohn zu kümmern. Das ist – auch vor sich selbst – nicht mit ein paar rechtfertigenden Argumenten aufzulösen. Aber er kann sich mit sich selbst versöhnen, nachdem es jetzt so gekommen ist. Er kann die Feigheit, die Bequemlichkeit als Teil seiner selbst, seines damaligen Selbst, erkennen und annehmen. Es macht Sinn, sich im Alter sagen zu können. *Das war ich auch,* - hier der Feigling - *aber ich war nicht nur das.* Keiner ist nur feige. Keiner ist nur ehrgeizig. Keiner ist nur eitel. Keiner ist nur aufdringlich. Wenn man das für sich erkennt, dass es immer auch das Andere gibt in uns, wenigstens als Möglichkeit, Mut, Loslassen-Können, Bescheidenheit, kann man dasjenige akzeptieren, wofür man sich vielleicht insgeheim immer geschämt hat. Um diese Versöhnung mit den eigenen schwierigen Seiten geht es. Die Versöhnung mit dem Sohn ist nur ein Teil davon.«

Herr C. versinkt in Selbstvorwürfen

»Wie wär's mit einem Espresso?« sagt Opa.

»Dieser Ausgang der Geschichte scheint dich geradezu zufrieden zu stellen. Stimmt´s, Opa?«

»Das Alter bietet oft Möglichkeiten, die man vorher nicht hatte.«

»Sag jetzt nicht, man könne immer frei entscheiden, welche der Möglichkeiten Wirklichkeit wird.«

»Nein, so nicht. Aber man kann entscheiden, offen zu sein für Möglichketen, für das, was sich ergeben kann. Wenn man sich entscheidet für das Beharren auf dem, was schon immer war, wie man die Dinge schon immer gesehen hat, können die Wege in ganz andere Richtungen gehen,« sagt Opa, während er den Espresso zubereitet.

»Wenn Herr C. nicht offen ist, wenn zum Beispiel das Treffen mit dem Sohn ganz anders verläuft, weil er sich zumacht, wie können wir uns für diesen Fall Herrn C. im Alter vorstellen?« fragt Emily.

»Entwickle du es.« Opa schenkt den Espresso ein. »Wir können ja noch mal von der Begegnung mit dem Sohn ausgehen. Angenommen, sie läuft irgendwie schief ...«

»Sie läuft schief – heißt wohl: Herr C. ist in Verteidigungsstellung. Er fürchtet jeden Moment Vorhaltungen. Er erzählt auch nicht viel von sich. Er stellt eine Menge Fragen, aber nicht aus Interesse, sondern um nicht selbst befragt zu werden. Er fürchtet, sich angreifbar zu machen, wenn er Persönliches vor diesem Fremden, der sein Sohn ist, offenlegt. Es entsteht gar kein Gespräch, sondern ein gegenseitiges Belauern. Der Sohn kann seine Enttäuschung schlecht verbergen. Was wiederum Herrn C. noch mehr in eine gewisse Künstlichkeit hineintreibt. Er erzählt Belangloses, das man jedem beliebigen Fremden erzählen würde, mit dem man zufällig an einem Tisch sitzt. Nach einer Stunde ist es vorbei. Herr C. ist erleichtert. Kaum sieht man sich beim Abschied in die Augen.

Danach aber, zuhause, mit sich alleine, überschwemmen ihn all die Vorwürfe, die vom Sohn nicht hören zu müssen er sich sehr angestrengt hatte. Jetzt kippt alles in ein Drama aus Selbstvorwürfen. Tagelang badet er darin. *Ich habe alles falsch gemacht,* ruft er in die Wohnung hinein, in der, nebenbei gesagt, keiner ist außer ihm. Er überzieht sich selbst mit Vorhal-

tungen, nicht mehr nur wegen seinem achtunddreißigjährigen Desinteresse an seinem Sohn, jetzt auch wegen der unglücklichen Beziehung zur Mutter, dann zu allen Frauen überhaupt, mit denen er einmal ein Verhältnis hatte. Er steigert sich in die Vorstellung hinein, allen Unrecht getan zu haben. Er läuft wie ein Tiger durch seine Wohnung. *Wie kann ich das nur je wieder gutmachen?* Dann hinterfragt er sein Verhalten bei seiner Regiearbeit. Er klagt sich an, die Schauspieler schlecht behandelt zu haben, überflüssige Streits mit Dramaturgen vom Zaun gebrochen zu haben. Er bezichtigt sich, junge Schauspielerinnen ausgenutzt zu haben. Mit einer immer anderen habe er sich getröstet über den Bruch mit der vorigen. Und geizig sei er gewesen, der Tochter das Studium nicht zu finanzieren.
Es eskaliert zu einem endlosen Tribunal, in dem er Ankläger, Angeklagter und Richter zugleich ist. Er gräbt sich ein in ein dunkles Loch, das von Vorwürfen ebenso wie von Selbstmitleid umschlossen ist. Irgendwann kommt er auf die Idee, dem Sohn einen Entschuldigungsbrief zu schicken. Es braucht mehrere Anläufe, zahllose Entwürfe, bis er in dramatischen Worten einen langen Brief …«

»… ein Memorandum …«

»… verfasst hat, den er losschickt mit dem Gefühl einer großartigen Tat. Es kommt keine Antwort. Nun

wechselt seine Stimmung zwischen immer neuen Selbstvorwürfen und an den Sohn adressierten Beschuldigungen.
Nach einigen Monaten verfasst er wieder einen Brief, einen kurzen Brief diesmal, an seine Tochter. Ohne Rücksprache mit seinem Anwalt schickt er ihr Geld, steckt einfach einige Hunderter zu dem Brief in den Umschlag. Keine Antwort.
Über das Internet macht er die Adressen früherer Partnerinnen ausfindig. Schreibt ihnen ebenfalls Entschuldigungsbriefe, in denen er sein damaliges Verhalten erklärt, um Verständnis bittet, die aber auch versteckte Vorwürfe enthalten.
Im Laufe der Monate verdüstert er sich immer mehr. Er isoliert sich selbst. Läßt die wenigen Kontakte, die ihm noch geblieben sind, einschlafen. So wird er in seinem Alter eine erstarrte Statue aus Selbstmitleid, die sich bekleidet mit den schrillsten Selbstbezichtigungen.«

»Altersdepression, würdet ihr Psychologen wohl sagen?«

»So kann man es nennen. Er selbst würde seinen Zustand natürlich nicht als Krankheit sehen, sondern als Strafe und Rache zugleich für sein bisheriges Leben.
Was kann noch kommen? Als nächstes Alkohol? Oder einfach ein chronischer Menschen- und Selbst-

feind. Wenn er krank wird, streitet er mit Ärzten. Wenn er Theaterkritiken liest über eine Premiere im Schauspielhaus, gießt er Hohn und Spott über die Kritiker, den Regisseur, die Schauspieler. Er geht kaum mehr aus dem Haus. Wenn er im Fernsehen ein Schauspiel sieht, schreibt er einen ätzenden Brief an den Intendanten …«

»Hört sich nicht gesund an. Im Wortsinne: Man stellt sich vor, wie auch noch körperliche Beschwerden hinzukommen.«

»Und er endet im Altenheim als ewig mißmutiger, mißtrauischer, sich ständig beschwerender Alter.«

»Unser Mitgefühl sollte auch den Pflegern gelten.«

7

Frau L., fährt Motorrad

»Heute kommt eine Polizistin dran,« sagt Emily.

»Eine Pilotin?«

»Eine Polizistin.«

Opa hantiert an seinem Hörgerät. »Ich hasse das Teil«, sagt er. »Gestern war ich zu einem Konzert im Altenheim bei Norbert. Es ist eine Qual, mit so einem Hörgerät Musik zu hören. Alles quiekt schrill, selbst zarte Töne.«

»Vielleicht ist es nicht richtig eingestellt?«

»Es ist ein Billig-Murks. Außerdem 15 Jahre alt.« Opa setzt sich das Hörgerät an. Es pfeift.

»Es ist übersteuert, Opa. Es pfeift.«

Opa zieht sich das Gerät vom Ohr. Legt es in die Sofaecke. »Geht auch so«, sagt er.

»Also, es geht um Frau L. Sie ist Polizistin. 50 Jahre

alt. Seit kurzem sei sie kein *Streifenhörnchen* mehr, sondern arbeite jetzt bei der Kriminalpolizei an *kalten Fällen*. Das sind unaufgeklärte Verbrechen, die schon Jahre zurückliegen. Polizistin sei schon als Kind und Jugendliche ihr Traumberuf gewesen. Sie habe immer viel Sport gemacht, Leistungsschwimmen vor allem, auch Leichtathletik, so habe sie ohne Probleme die Aufnahmeprüfung zur Ausbildung bestanden. Als Frau habe sie es in der Ausbildung nicht immer leicht gehabt, weniger wegen der anderen Azubis, sondern wegen einigen Ausbildern, denen es wohl an ihrer Ehre kratzte, eine Frau für einen Beruf unterrichten zu müssen, der damals noch als Männerberuf galt. In manchen Kursen sei sie die einzige Frau gewesen. Aber sie habe sich nie einmachen lassen. Damals sei das noch ungewöhnlich gewesen, dass ein Mädchen in die Polizeiausbildung geht.

Die ersten Berufsjahre seien wirklich hart für sie gewesen. Randalierende, sogenannte *hilflose Personen* aufzulesen in Parks, in Hinterhöfen. Wenn die Durchsage gekommen sei *randalierende Person am XY-Parkplatz,* habe sie schon Ekel gehabt, bevor sie am Einsatzort angekommen seien. Meist habe man dort einen sturzbetrunkenen Mann vorgefunden mit vollgepissten Hosen, manchmal noch vom eigenen Erbrochenen verschmiert. Und dann die Familienkriege in Problemvierteln: Prügelnde, auch meist betrunkene Männer. Das sei nicht das gewesen, wovon sie einst geträumt habe. Aber am meisten habe sie mitgenommen, wenn bei Verkehrsunfällen Kinder beteiligt waren. Die hätten immer so ungläubig dreingeschaut. Mehr ungläubig als entsetzt oder schockiert seien sie gewesen. Als ob sie nicht glauben konnten, dass es auf der Welt so etwas gibt wie einen Verkehrsunfall. Sie habe sich in solchen Situationen besonders um diese Kinder gekümmert, habe ihnen erklärt, was passiert sei, und vor allem, wie es weitergeht. Dass der verletzte Vater ins Krankenhaus gebracht wird, wo ihm geholfen wird. Dass man ihn dort bald besuchen könne. Dass Mama und Papa bald ein neues Auto bekommen.

Sie wurde dann nachdenklich, schwieg ein paar Augenblicke und sagte schließlich leise: *Manchmal machen auch Polizisten Fehler.* Es schien mir nicht angemessen, nach Näherem zu fragen.

Sie stand dann auch gleich auf, um mir ihre Garage zu zeigen. In ihrer Freizeit ist sie leidenschaftliche Bikerin. In ihrer Garage steht eine prächtige Moto Guzzi. Die habe sie gebraucht für 16.000 Euro gekauft. Sie fährt nicht nur, alleine oft, manchmal im Pulk, sie schraubt auch selbst. Hinten in ihrer Garage steht eine große Werkbank, vollgepackt mit Werkzeug, Schrauben, Muttern, Rohren, Dichtungen. Es wirkt chaotisch, ich bin aber sicher, sie hat eine Übersicht. Früher habe sie sich Bikes selbst zusammengebaut. *Aus drei alten kannst du eine funktionierende*

neue Maschine machen, sagte sie. Sie repariere alles selbst, helfe manchmal auch anderen Bikern beim Reparieren. Das sei ganz normal. Da werde man nicht blöde angegrinst als Frau.
Als wir in ihre Wohnung zurückgingen, fiel mir auf, dass man die Ausstrahlung, die Atmosphäre ihrer Wohnung nicht mit einer Polizistin, die auch noch Bikerin ist, in Verbindung bringen würde. An den Wänden hängen selbstgemalte Mandalas. Salzkristall-Lampen stehen in den Ecken. In der Karaffe, aus der sie Wasser eingoss, lagen Kristalle oder Edelsteine. Es roch nach Räucherstäbchen. Jetzt erst bemerkte ich, dass sie um den Hals eine Kette mit einem kleinen Engel daran trug. Ein seltsamer Kontrast zu ihrem Hardcore-Job.«

»Jeder ist immer auch noch ein Anderer. Wir erwarten Kontinuität nicht nur im Lebensgang eines Menschen, wir erwarten auch, dass die verschiedenen Aspekte einer Person zusammenpassen. Dabei sind Widersprüchlichkeiten und Uneindeutigkeiten das Häufigere. Welcher Maßstab soll gelten? Nach deinen Maßstäben, zum Beispiel, besteht ein Widerspruch zwischen ihrem beinharten Job und einer Art privaten Spiritualität. Aber aus ihrer Sicht wird das kein Widerspruch sein.«

»Trotzdem fällt es eben auf.«

»Jeder fällt auf, wenn man sich näher mit ihm befasst.«

»Als ich sie nach ihren Plänen für die Zeit des Ruhestands fragte – sie kann als Polizeibeamtin schon mit Sechzig in Pension gehen – winkte sie ab. Sie habe keine besonderen Pläne. Im Gegenteil, sie habe vor, es zu genießen, keine Pläne haben zu müssen. Keine Hektik mehr. Keine Überstunden mehr. Ausschlafen zu können. Sie erhoffe sich von ihrem Ruhestand einfach, dass er das bringe, was das Wort besagt: Sie wolle einfach ihre Ruhe haben. Ansonsten werde sie sicher mit der Guzzi unterwegs sein.«

»Gibt es einen Mann?«

»Offenbar nicht. Sie lebt jedenfalls alleine und erzählte auch nicht von Partnerschaften. Lange Jahre habe sie einen Hund gehabt, eine Promenadenmischung, den sie irgendwann mal im Dienst aufgelesen habe. Beziehungsweise, der sei bei einem Einsatz hinterm Bahnhof wie selbstverständlich ins Polizeiauto gesprungen und dann sei er 12 Jahre bei ihr gewesen. Vor zwei Jahren sei er gestorben, das heißt, sie habe ihn einschläfern lassen. Er habe schlimme Arthrose gehabt und sich kaum mehr bewegen können.«

Frau L. will ihre Ruhe haben

»Gut«, sagt Opa, »nehmen wir sie für eine erste Version, wie ihr Alter aussehen könnte, einfach beim Wort. Es wird keine besonderen Aktivitäten geben.

Sie wird jedenfalls nichts Derartiges sich vornehmen. Man kann im Ruhestand einfach auch nur die Füße hochlegen. Man muß sich von der heute so populären Devise *Seid aktiv im Alter* nicht unter Druck setzen lassen. Besonders wenn man so ein herbes Berufsleben hatte. Frau L. wird mit ihrem Motorrad durch die Landschaften kreuzen …«

»Pippi Stützstrumpf on the road!«

»… wird mit anderen Motorradfans klönen und fachsimpeln. Sie wird spazierengehen. Schläft aus. Du sagst, sie hatte einen Hund. Vielleicht ergibt es sich, dass sie manchmal Hunde aus dem Tierheim ausführt.«

»Doch ein Ehrenamt?«

»Sie würde es nicht so sehen, nicht als gezielte Aktivität, um aktiv zu sein und im Alter noch eine Aufgabe zu haben. Sondern wenn es sich so ergibt, tut sie es eben. Wenn sie näher mit den Leuten vom Tierheim ins Gespräch kommt, fängt sie vielleicht an, bei ihren Motorrad-Freunden Futterspenden für die Tiere im Tierheim einzusammeln. Oder für die Hunde von Obdachlosen. Mit der Szene kennt sie sich ja gut aus. Sie weiß, wo ihre *Kunden* sitzen. Jetzt kommt sie nicht als Polizistin, sondern geht mit Futterspenden vorbei, schnackt ein wenig mit den Leuten. Sie muß jetzt nichts mehr von ihnen wollen. Das kann auch Alter sein: Entspannung.«

FRAU L. KANN HEILEN

»Als weitere Variante können wir uns vorstellen, dass Frau L. ihre spirituelle Seite mehr lebt. Du sagst, sie malt Mandalas. Sie könnte sich mehr mit den Hintergründen befassen. Liest über Buddhismus zum Beispiel. Besucht zunächst mal für zwei Wochen ein buddhistisches Kloster irgendwo in Deutschland. Kann ja sein, dass sie näher einsteigt, an einem regelmäßigen Kurs über buddhistische Meditation teilnimmt.
Oder sie befasst sich mit der Heilkraft von Edelsteinen, Kristallen, ätherischen Ölen. In diesem Zusammenhang stößt sie auf eine Ausbildungsmöglichkeit als Tierheilpraktikerin. Könnte doch sein, dass sie das anspricht. Es kommt mir so vor, dass sie damit etwas von dem Ideal wieder aufgreifen würde, aus dem heraus sie einst Polizistin geworden ist. Stell dir vor, sie wird also Tierheilpraktikerin. Behandelt die Hunde der Obdachlosen in der Stadt. Es wird nicht aufs Geld ankommen. Sie wird von ihrer Pension leben können. Sie würde sich mit Veterinär-Heilpflanzen befassen. Könnte vielleicht auch Hunde im Tierheim behandeln.
Aber, wenn es so oder ähnlich käme, sie würde es leise tun. Es wäre ein Ausdruck ihrer Spiritualität, zum Beispiel einen arthritischen Hund mit einem Kristallstein zu massieren. Sie würde es nicht tun

mit dem Bewußtsein, *aktiv* zu sein. Sie würde solche Dinge nur tun, wenn sie eine Selbstverständlichkeit haben. Frau L. hat, glaube ich, eine kontemplative Seite, was man bei einer Polizistin, die an der Front gearbeitet hat, erst mal nicht vermuten würde.«

»Wie würde sie, in dieser Version oder in der anderen, nachträglich über ihr Berufsleben denken? Wird sie es bereuen, Polizistin geworden zu sein?«, fragt Emily.

»Das halte ich für unwahrscheinlich. Auch wenn sie sicher froh ist, dass es vorbei ist.«

»Was meinte sie wohl, als sie von Fehlern sprach, die Polizisten auch schon mal machen?«

Eine Beichte

»Das können wir nicht wissen. Aber wir können uns, in einer dritten Version, vielleicht auch als Weiterführung der zweiten Version, vorstellen, dass sie da etwas untergründig noch bis ins hohe Alter beschäftigt. Möglicherweise hat sie etwas falsch gemacht, jemandem Unrecht getan, oder andersherum: Sie hat etwas unterlassen, was sie hätte tun müssen. Auf dem Hintergrund ihres Jugendideals konnte sie so etwas nicht einfach wegstecken. Das arbeitet in ihr. Wir können nur spekulieren, worum es da geht. Worauf es aber ankommt, ist dies, dass sie es im Alter, im hohen Alter, nicht mehr alleine mit sich herumtragen möchte. Über Monate, über Jahre womöglich, wird der Entschluß in ihr reifen, von ihrer damaligen beruflichen Fehlhandlung jemandem zu erzählen. Sie wird lange, sehr lange überlegen, wer das sein könnte.«

»Sie möchte so eine Art Beichte ablegen?«

»Ja. Aber nicht im engeren Sinne in einem religiösen oder gar konfessionellen Rahmen. Sie möchte etwas lösen, indem sie mit einem Menschen ihres Vertrauens darüber spricht, über ihren Fehler damals im Dienst. Wenn man sehr alt ist, stellen sich nicht nur die Erinnerungen an schöne Erlebnisse aus früheren Tagen mit überraschender Deutlichkeit wieder ein, sondern auch an eigene Versäumnisse, Fehler eben, die man gemacht hat. Man möchte darüber sprechen. Es geht nicht um eine bestimmte Reaktion, auch nicht unbedingt um eine Art Absolution. Nur dass einer zuhört und zur Kenntnis nimmt, was man zu sagen hat.«

»Wen würde sie dafür aussuchen? Einen Biker-Freund? Jemand aus dem Tierheim? Einen ehemaligen Kollegen?«

Opa denkt lange nach.

»Einen Obdachlosen«, sagt er dann.

»Wie? So einen mit vollgepinkelten Hosen?«

»Nein. So einen nicht. Sie hat auch andere kennengelernt. Menschen, die auf der Straße gelandet sind, nachdem ihnen gekündigt wurde und ihnen die Frau weggelaufen ist. Es müssen auch nicht alle Obdachlosen Alkoholiker sein.«

»Aber wie ansprechen?"

»Da gibt es etwas, das Polizisten und Obdachlose verbindet: Beide haben die Fähigkeit zu genauer, illusionsloser Beobachtung. Die einen müssen das von Berufs wegen entwickeln, die anderen aus Not. Obdachlose können einschätzen, wen anzubetteln sich lohnt. Sie haben einen Blick dafür, aus welcher Art Hinterhof sie vertrieben werden und aus welchen nicht. So wie Polizisten einen Blick dafür haben, in welcher Art von Hinterhof Obdachlose nächtigen, in welchen eben nicht. Das Nüchterne der Beobachtung und der Einschätzung ist die gemeinsame Gabe.«

»Kann man sich wirklich vorstellen, sie geht da hin, als alte Frau, und macht einen ihrer früheren Kunden zum Beichtvater?«

»Nein, so nicht. Sie kennt die Szene. Sie weiß, dass da ständig Bewegung und Veränderung ist. Einer zieht in die Nachbarstadt, weil ihm seine Kumpels hier die Hölle heiß machen, nachdem er einen von ihnen beklaut hat. Einer schafft es doch, kleine Geschäfte zu machen, er hilft Rentnern im Garten oder so etwas, kann sich irgendwann einen alten Bauwagen leisten, den er auf einem aufgelassenen Fabrikgelände aufstellt. Einer landet im städtischen Pflegeheim, nachdem er seit Jahren epileptische Anfälle hat. Also, sie kennt die Szene und falls sie sich, wie wir das in der zweiten Version angenommen haben, als Heilpraktikerin mit den Hunden der Obdachlosen beschäftigt, ist sie auch über die aktuellen Entwicklungen in der Szene auf dem Laufenden. Ich denke, sie wird einen ansprechen, von dem sie weiß, dass er schon mal einen Schraubenzieher in der Hand gehabt hat. Wenn sie alt ist, wird sie nicht mehr Motorrad fahren können oder wollen. Ihre alte Moto Guzzi muß instand gesetzt werden, damit sie sie verkaufen kann. Sie hat vielleicht tatsächlich die körperlichen Kräfte nicht mehr dafür. Also spricht sie einen aus der Bauwagenszene an, nennen wir ihn Paul, ob er ihr für ein paar Euro und ein Mittagessen beim Schrauben hilft. Wie würde es sein? Paul würde spätestens beim Essen Frau L. seine Lebensgeschichte in aller Ausführlichkeit erzählen. Am Ende, als sie einen Kaffee macht, würde sie sagen können: *Paul. Ich hab dir zugehört. Jetzt bitte ich dich, mir zuzuhören. Ich hab auch eine Lebensgeschichte.* Sie würde kurz von ihrem Berufsalltag erzählen und dann eben auf den Fehler, die Unterlassung

oder was es war, zu sprechen kommen. Paul wird überrascht sein. Damit hat er nicht gerechnet. Das passt auch nicht in sein Bild von Polizisten. Aber eben darum kann es genau die richtige Situation, genau der richtige Mensch für Frau L. sein. Kein *Oh ja, das verstehe ich* und kein *Das ist mir so ähnlich auch mal passiert.* Kein bagatellisierendes Zuhören, sondern ein Zuhören aus Überraschung. Paul wird vielleicht gar nicht so genau verstehen, wo da jetzt die schreckliche Verfehlung ist. Aber das ist auch nicht notwendig. Sie braucht kein vordergründiges Verständnis. Sie braucht auch keinen Kommentar. *Das* wird Paul verstehen. Er wird nicht kommentieren, er wird nichts fragen. Er wird verstehen, dass es erzählt werden mußte. Er wird verstehen, dass sie das nur als alte Frau erzählen konnte. Und er wird verstehen, dass es andererseits höchste Zeit war zum Erzählen. Sie wollte und konnte es nicht mit ins Grab nehmen. Er wird auch verstehen, warum sie ihn bat, ihr beim Reparieren des Motorrads zu helfen.
Paul wird seinen Kaffee langsam austrinken, er versucht noch heimlich, sich ein paar Kekse in die Tasche zu stecken. Frau L. sieht es aus den Augenwinkeln und schmunzelt. Paul wird mit Respekt aufbrechen, zu seinem Bauwagen.«

»Sie wollte im Alter ihre Ruhe haben, hat sie im Interview gesagt. Da tut sie sich so eine strategisch angelegte Beichte an?«

»Die wahre Ruhe hat sie erst jetzt. Möglicherweise wird ihr das selbst jetzt erst klar, was sie damit meinte, als sie sagte, sie wolle im Alter ihre Ruhe haben. Sie weiß, nach so einer Beichte würde die Sache nicht mehr an ihr nagen.«

8

Witwe P.

Opa Theo ist gerade aus dem Altenheim zurückgekommen, als Emily am nächsten Samstag klingelt.

»Was bist du so gereizt, Opa?«

»Ich habe heute meinen Freund Norbert in seiner Verwahranstalt besucht.«

»Damit sind wir ja schon wieder mitten im Thema.«

»Bitte nicht. Ich hab immer noch den Geruch in der Nase. Schon im Flur kam mir ein Greis mit verpißter Hose entgegen. Es hat etwas Apathisches, so ein Altenheim.«

»Ich weiß nicht, wo du da warst. Moderne Altenheime können auch ansprechend sein.«

»Ansprechend!« Opa geht zwei Mal um den Couchtisch, bevor er sich setzt.

»Ja, bei meiner Interviewpartnerin, die ich heute mit dir besprechen will, kann ich mir gut vorstellen, dass sie später zufrieden in einem modernen Altenheim leben könnte.«

»Lass erst mal hören.«

»Frau P. lebt in einem riesigen Haus am Stadtrand. Es wirkte auf mich schon wie eine Villa. Oben ist ihre Wohnung, zwei Balkone, großzügige Flure, alles sehr edel und geschmackvoll, und, ich glaube, teuer eingerichtet. Im Erdgeschoß wohnt ihr Sohn mit seiner Frau und Kind. Das Haus liegt mitten in einem weitläufigen alten, aber sehr gepflegten Garten mit Obstbestand. Frau P. erzählt, sie habe nach der Schule zunächst eine Töpferlehre begonnen, diese aber abgebrochen, als sie heiratete. *Aber nicht, weil ich heiratete,* sagt sie lachend. Vielmehr sei sie immer wieder giftigen Dämpfen ausgesetzt gewesen. Sie habe zunehmend Kopfschmerzen gehabt und dann habe sie in der Zeit eine schlimme Lungenentzündung bekommen. In der Werkstatt, wo sie lernte, sei sehr legère mit den Glasuren umgegangen worden, zum Teil habe man sie mit irgendwelchen Chemikalien vermischt, damit sie im Brennofen schneller aushärten. Ihr Mann habe damals gesagt *Hör auf damit. Du brauchst auch gar nicht zu arbeiten.* Er muß etwas älter gewesen sein als sie, hatte eine gutgehende kleine Innenarchitekturfirma. Es sei jede Menge Geld dagewesen. Schon zwei Jahre nach der Eheschließung sei ihr Mann bei einem Motorradunfall ums Leben gekommen. Auf weitergehende Fragen von mir zu der kurzen Ehe wollte Frau P. augenscheinlich nicht eingehen. Es scheint keine sehr glückliche Zeit gewesen zu sein. Nach dem Tod ihres Mannes studierte sie auf Lehramt mit Kunst, Sport und Englisch. Vom ererbten Vermögen hat sie als Geldanlage einige Immobilien gekauft, Eigentumswohnungen, eine Tennishalle, und konnte von den Mieten gut leben und das Studium finanzieren. Sie konnte sich eine Kinderfrau leisten, die mit im Haus wohnte. Es ist das gleiche Haus, in dem sie heute noch lebt.

Sie hat dann zunächst als Kunst- und Handarbeitslehrerin gearbeitet. Inzwischen ist sie 58, ist viel herumgekommen, hat alle Erdteile bereist. Ihr Traum und auch konkreter Plan für ihr Alter richtet sich auf Afrika, besonders auf die Kinder dort, die kaum Bildungschancen haben. Sie stellt sich einen langen Aufenthalt dort vor, nicht als Urlauberin, sondern als Mit-Organisatorin eines Schulprojekts. Sie erzählte mir in dem Zusammenhang von Malawi, das sie von einer ihrer Afrikareisen kennt. Sie habe ein paar Brocken der Bantu-Sprache gelernt und möchte das vertiefen. Das Land brauche Bildung, selbst für afrikanische Verhältnisse sei Malawi sehr rückständig, was Aufklärung, Gesundheitsfürsorge und das Schulsystem betreffe. 12 % der Erwachsenen seien HIV-positiv. Die wenigen Schulen seien noch mit

Lehm gebaut, hätten oft nicht einmal Wasseranschluß. So etwas wie eine Ausstattung gebe es gar nicht. Statt Schränken sehe man Säcke an Schnüren an der Wand hängen: Da werfen die Schüler ihre Bücher und sonstigen Utensilien rein. Also, ihr Plan ist es, dort so eine Art Entwicklungshelferin zu werden.«

Frau P. geht früh ins Altenheim

»Kann ja klappen. Aber lass uns zuerst eine Variante durchgehen, bei der sie ins Altenheim geht. Dann haben wir das Thema hinter uns. Du hast ja gesagt, du kannst sie dir gut als zufriedene Altenheimbewohnerin vorstellen.«

»Ich schätze sie so ein, dass sie von sich aus noch vor Beginn ihres Ruhestandes ins Altenheim gehen würde, wenn es ihr notwendig oder sinnvoll erscheinen würde. Sie ist keine, die man dorthin verfrachten muß. Wenn ein Grund dafür da ist, würde sie alles Erforderliche frühzeitig in die Wege leiten.«

»Nehmen wir an, sie bekommt Polyarthrose, Fingergelenksarthrose. Als ehemalige Töpferin und Handarbeitslehrerin ist das gar nicht so unwahrscheinlich. Noch vor Beginn ihres Ruhestandes muß sie feststellen, dass es ihr zunehmend schwerfällt, den Verschluß einer Flasche aufzudrehen. Schwere Sachen rutschen ihr aus der Hand. Bald kann sie die Autotür nicht mehr öffnen: Der Daumen läßt sich nicht mehr als Hebel einsetzen. Die Finger werden immer steifer. Sie hat Mühe, sich ein Brot abzuschneiden und zu streichen. Knöpfe an Blusen und Hosen werden zur Herausforderung.«

»Nun hat sie ja genügend Geld – und Platz -, um sich eine Pflegeperson zu leisten, die ihr solche Dinge abnehmen könnte. Sie müßte nicht ins Altenheim. Trotzdem, so können wir annehmen, befasst sie sich frühzeitig mit dem Thema, als ihr klar wird, dass ihre Arthrose sie im Lauf der Zeit immer unselbständiger machen wird. Irgendwann wird sie sich nicht mehr selbständig waschen und anziehen können. Ich glaube, ihr Motiv ist, dass sie ihrem Sohn, ihrer Schwiegertochter und ihrem Enkel nicht zur Last fallen möchte.«

»Mit einer eigenen Pflegerin?«

»Ich schätze, sie wird es eher athmosphärisch sehen: Ihre zunehmende Hilflosigkeit und Hinfälligkeit stellt sie sich wie ein Schatten über dem Leben der Familie ihres Sohnes vor. *Das passt nicht zusammen,* wird sie wahrscheinlich denken. Sie sucht sich ein modernes Altenheim.«

»Ich bitte darum. Aber was heißt jetzt *modern*?«

»Modern heißt hier zunächst, dass es sich schon mal nicht Altersheim nennt, sondern Seniorenresidenz. Und dann heißt *modern*, dass man dort experimentiert mit den kleinen Robotern, wie sie in Japan schon lange in Altenheimen eingesetzt werden.«

»Ich habe davon gelesen. Eine interessante Idee.«

»Wie man´s nimmt. Diese kleinen Biester stehen zum Beispiel auf dem Tisch, haben ein Gesicht und können sprechen. Ich glaube, ich würde es gruselig finden.«

»Du. Aber für einen alten Menschen könnte so ein Roboter-Kerlchen wie ein Kamerad sein. Er erinnert nicht nur an die Medikamenteneinnahme und die Flüssigkeitsaufnahme, er kann sich auch richtig unterhalten.«

»Unheimlich.«

»Oder anregend. Der kleine Kerl fragt zum Beispiel die Oma *Was haben Sie heute gegessen?*. Wenn sie sagt *Eine Tafel Schokolade,* sagt er, *Sie sollten mehr Obst essen.* Da schmunzelt die Oma doch. Der Roboter kann auch Spiele mit den Alten machen und sie zum Gehirnjogging mitnehmen. Oder er verpackt Gedächtnisübungen in solche Fragen wie *Wann hat Irmchen eigentlich Geburtstag?* Vielleicht hat er einen Bildschirm auf dem Bauch mit einem Touchscreen, auf dem Oma Solitär spielen kann, und der kleine

Mann kommentiert die Spielzüge. Ich finde, das wäre ein Beispiel für ein anregendes und ansprechendes Altenheim, um deine Formulierung aufzugreifen.«

»Ich finde es trotzdem merkwürdig bis bedenklich. Gibt es denn da auch noch Menschen aus Fleisch und Blut für die Betreuung der Alten?«

»Wenn es gut geht, haben die Pflegerinnen und Pfleger durch den Einsatz solcher Roboter mehr Zeit, sich in Ruhe um die Bewohner zu kümmern. Die kleinen Heinzelmännchen und Gesprächspartner entlasten ja auch den Pflegedienst. Es gibt Roboter, die über das interne W-LAN-Netz an die Toilette angeschlossen sind, wie ich gelesen habe. Dort wird jede Ausscheidung sofort analysiert. Der Roboter erfährt, wenn irgendwelche Werte nicht stimmen. Im Notfall alarmiert er die Pfleger. Stell dir vor, diese dienstbaren Geister registrieren Puls und Atmung. Die Pflegerin braucht nicht dauernd nach Oma zu sehen und Blutdruck zu messen.«

»Toll. Wenn das mal nicht darauf hinausläuft, dass da überhaupt keiner mehr bei Oma auftaucht. Wenn ich das weiterdenke, dann gibt es in so einem supermodernen Altenheim nur noch einen einzigen Pfleger, der in einer Zentrale sitzt vor Bildschirmen – deine Roboter haben ja sicherlich auch Kameras in den Augen – und Messgeräten und die Bewohner überwacht. Eine schreckliche Vorstellung.«

»Oder ein Beitrag zur Lösung des Pflegeproblems. Das Pflegepersonal ist ja heute schon überlastet, es hat kaum Zeit für ein persönliches Wort ...«

»... das dann per Befehl aus der Zentrale vom Roboter kommt!«

»Der Roboter hat jedenfalls immer Zeit.«

»Ich kann es nicht anders als unheimlich und bedrohlich finden.«

»Nicht unheimlicher und nicht bedrohlicher, Emily, als Internet und Smartphone. Diese kleinen Täfelchen, die jetzt jeder Zweite ständig in der Hand hält, sind doch nichts anderes als solche Roboter, nur dass sie noch nicht den Blutdruck ihrer Besitzer messen und seine Ernährung kontrollieren. Kommt aber auch bald.«

»Es kommt mir vor, als sei der alte Mensch, der so einen Roboter vor sich sitzen hat, wie ausgeliefert an ihn. Wo ist da noch die Freiheit des Alters, von der du gerne sprichst?«

»Der kleine Roboter könnte eher Freiheiten schaffen oder zumindest erhalten als Freiheiten einzuschränken. Wenn unsere Frau P. wegen der Steifigkeit ihrer Finger nicht mehr selbst ihren Sohn anrufen kann, sagt sie ihrem Helferlein *Ruf Jürgen an*. Dann macht der das. Und wenn Frau P. von Afrika träumen möchte, holt er ihr aus dem Internet einen Dokumentarfilm über Afrika.

Freiheit besteht hier darin, Möglichkeiten zu nutzen. Den Roboter aus ideologischen Gründen abzulehnen, scheint mir dagegen eine unnötige Einschränkung der eigenen Freiheit zu sein.«

»Was ist mit dem dementen Bewohner, der keine Orientierung mehr hat und nicht mehr weiß, wo er überhaupt ist? Der muß sich doch gleich wie auf einem anderen Stern gelandet vorkommen, wenn er so ein Monster vor sich hat.«

»Das muß nicht sein. Man wird es im Einzelfall prüfen müssen. Der kleine Roboter wird auf jeden Fall Geduld haben und alle Fragen des Dementen ruhig beantworten. Bei Bedarf holt er sich die Antwort aus dem Internet. Wenn die Alzheimer-Kranke dauernd fragt, wann der Bus kommt, der sie nachhause bringt, kann er ihr einfach sagen *In 10 Minuten* und dann ist sie beruhigt. Das ist doch besser, als der Kranken zu sagen *Sie sind jetzt hier zuhause, Frau Meier. Hier kommt kein Bus.* Und wenn Frau Meier nach zehn Minuten wieder fragt, wann denn der Bus kommt, wird ihr der kleine Helfer wiederum Auskunft geben und das noch mal und nochmal. Er wird nicht die Geduld verlieren und wird nicht vorwurfsvoll sagen *Das habe ich Ihnen doch schon drei Mal gesagt*«

»Also, ich weiß nicht. Ich glaube, ich würde das nicht wollen.«

»Wir sprechen ja jetzt über Frau P. und die Option,

dass sie ins Altenheim, Pardon, in die Seniorenresidenz, geht – freiwillig und mit klarem Kopf. Sie würde sich ein modernes Haus aussuchen und sie wäre bestimmt offen für Neues, auch für die kleinen Roboter.«

»Meinetwegen. Wünschen würde ich aber, dass sie ihren Traum verwirklichen kann, nach Afrika zu gehen.«

Afrika

»Gut. Um dich also zu beruhigen, gehen wir diese Variante durch. Sie schließt sich schon vor ihrem Ruhestand einer UNICEF-Gruppe an, die Schulprojekte für Afrika organisiert. Man spricht mögliche Sponsoren an. Die Presse wird einbezogen. An der Schule, an der sie unterrichtet hatte, organisiert sie ein Afrika-Fest, um die Kinder aufmerksam zu machen auf das Bildungsproblem dort und um von Eltern Spenden zu bekommen.

Eines Tages fliegt sie nach Malawi. Am Malawi-See soll eine neue Schule entstehen, in erster Linie für Mädchen, die gerade dort am wenigsten Chancen haben, Lesen und Schreiben zu lernen. Den Familien ist das Schulmaterial zu teuer. Die Mädchen müssen mit den anderen für den Lebensunterhalt der Familien sorgen. Frau P. knüpft Kontakte zu den

Behörden in der Hauptstadt Lilongwe, denen alles recht ist, solange sie es nicht bezahlen müssen. Sie spricht mit dem Leiter des einzigen Lehrerseminars im Land. Sie arbeitet sich weiter in die regionale Bantu-Sprache ein. Es gelingt ihr, Eltern zu aktivieren, beim Bau des neuen Schulgebäudes zu helfen. Es ist ihr wichtig, dass das Schulprojekt zur eigenen Angelegenheit der örtlichen Bevölkerung wird. Es soll kein von außen aufgesetztes Projekt sein. Sie arbeitet mit den Dozenten des Lehrerseminars einen Unterrichtsplan aus, der speziell die Lebenssituation der Mädchen anspricht. Außer Lesen, Schreiben, Rechnen geht es um Hygiene, um Aids-Aufklärung, vor allem aber um die Förderung des Selbstbewußtseins der Mädchen. Sie sollen ihren Klassenraum selbst herrichten können.

Einen deutschen Verlag für Unterrichtsmaterialien kann sie als Sponsor gewinnen. Zusammen mit einheimischen Lehrerinnen übersetzt und adaptiert sie Schulfibeln. Der Verlag druckt das unentgeltlich. So kostet die Eltern der Schulbesuch ihrer Töchter nichts.

Sie fliegt mehrfach zwischen Malawi und Deutschland hin und her. Ihre Familie sieht sie nur noch selten. Auch in Deutschland selbst reist sie viel umher, knüpft Kontakte, macht Werbung für das Projekt.«

»Ein erfülltes Alter, wenn es so kommt.«

»Und warum soll der Märchenprinz nicht auch noch auftauchen? Bei einem ihrer Aufenthalte in Lilongwe trifft sie auf einen afrikanischen Pädagogen, der in England studiert hat. Es könnte die späte Liebe ihres Lebens werden, nachdem ja ihre kurze Ehe davon offenbar wenig hatte. Jetzt bleibt sie in Malawi, bildet angehende Lehrerinnen und Lehrer aus.«

»Und kräftemäßig schafft sie das?«

»Die Ausbildung oder …?«

»Die Ausbildung, Opa!«

»Natürlich. Nicht jeder alte Mensch muß schwach und schlapp sein. In dieser Variante kann sie bis ins hohe Alter aktiv bleiben. Sie gewinnt ja neue Kräfte, einfach indem sie das Neue sucht und mitgestaltet. Da kommt viel zurück. Man kann auch im Alter einen Schatz heben.«

Frau P. wird wahnsinnig

»Klingt ein wenig märchenhaft, kann ja aber sein.«

»Nehmen wir noch eine weniger märchenhafte Variante, eine sehr ungemütliche, wie sie es eben auch gibt. Nehmen wir an, nach einem ihrer Treffen in der UNICEF-Gruppe kommt sie etwas aufgeregt nach Hause. Ein Sponsor, den sie lange umworben hatte, hat abgesagt. Und an dem Abend wurde eine unserer Frau P. schon lange wichtigtuerisch erscheinende ältere Frau zur Vorsitzenden der Arbeitsgruppe gewählt. Es gab, wie immer, Schnittchen, Tee, Saft. Ihr ist jetzt etwas flau im Magen. *Was mag die alte Hexe in den Brotaufstrich praktiziert haben? Ich fand gleich, dass die Schnittchen heute komisch schmeckten,* geht es ihr durch den Kopf. Sie beschließt, nächstes Mal ihre eigenen Schnittchen mitzunehmen. Und warum mag der Sponsor abgesagt haben? Sie hatte mehrfach, wie sie fand, gute Gespräche mit ihm und er hatte viel Verständnis für die Bildungsfrage in Afrika gezeigt. Jetzt sagt er auf einmal ab. Hat er einen Wink von der alten Hexe bekommen? Schon seit Monaten tut sie so, als gehörten ihr die Schulprojekte höchst persönlich. Will man sie rausekeln?

Ihrem Sohn fällt eines Tages auf, dass seine Mutter die Fenster ständig verschlossen hält, den ganzen Tag. *Warum lüftest du nicht mehr?* fragt er sie. Er erschrickt und ist ratlos, als seine Mutter scharf zurückgibt *Das solltest du doch am besten wissen! - Nein, weiß ich nicht. - Soso, und was ist mit dem Kleintransporter, der neulich ein paar Meter von unserem Grundstück entfernt parkte? Warum hatte er Rohre geladen? Seitdem riecht es hier so komisch. Da ist doch ein Gift über den Rasen geschüttet worden, dessen Dämpfe jetzt aufsteigen.* Sie macht dem Sohn

Vorwürfe, dass er das nicht verhindert habe. Der ist völlig konsterniert.
Frau P. zieht sich immer mehr von ihren Freundinnen und von ihrer Familie zurück, erst mit Ausreden, später mit offenen Vorwürfen, man wolle sie vergiften und das müsse sie sich schließlich nicht gefallen lassen.«

»Oh je. Altersparanoia.«

»Ja. Altersparanoia. Zur Projektgruppe geht sie schon lange nicht mehr. Sie schreibt Briefe an die UNICEF-Leitung, in denen sie ihre *Beweise* aufführt, dass die neue Vorsitzende sie vergiften wollte. Diese hätte sich mit ihrem, Frau P.´s, Sohn verbündet, um sie langsam zu töten. Aber sie durchschaue das Spiel und erwarte nun von der UNICEF-Leitung, dass der Alten das Handwerk gelegt wird. Natürlich bekommt sie nie eine Antwort.«

»Was ihr beweist, dass die UNICEF-Leitung in dem Giftanschlag auch ihre Finger hat.«

»Genau. In ihrem Haus wird es natürlich ungemütlich. Nicht nur, dass ihr Sohn sich immer wieder mit den unsinnigen Vorwürfen konfrontiert sieht. Die Mutter hat sich auch in ihrem Wesen verändert. Immer leicht gereizt stapft sie durch den Garten, durchs Treppenhaus. Manchmal hört man sie noch nachts durch ihre Wohnung poltern und rufen *Mit mir nicht! Mit mir nicht!* Jeder Versuch ihres Sohnes, die Mutter

zu einem Besuch beim Arzt zu bewegen, scheitert. Nach drei Jahren eskaliert die Situation so weit, dass sie nachts Möbel aus ihrer Wohnung in den Garten wirft, wobei sie erstaunliche Kräfte entwickelt. Sie selbst ist sich sicher, dass sie täglich gegen die Vergiftungsversuche kämpfen muß, dass sie immer wachsam sein muß. Auf welchen Wegen, zum Beispiel, könnte das Gift in ihre Wohnung gelangt sein? Da fällt ihr ein, dass ihre Schwiegertochter neulich ihre Ledersessel mit irgendeinem Reinigungsmittel abgewischt hat. Extra dafür ist sie heraufgekommen. Wo sie sonst nie raufkommt. *Ha! Reinigungsmittel. Dass ich nicht lache. Sie hat ein unsichtbares Gift aufgetragen auf den Schwamm, damit ich es einatme, wenn ich mich im Sessel ausruhen möchte. - Nicht mit mir!* ruft sie wieder durch das Haus und wuchtet die Sessel zum Fenster hinaus.
Der Sohn weiß sich nicht anders mehr zu helfen, als den sozialpsychiatrischen Dienst anzurufen. Noch in der Nacht kommen ein Arzt und eine Psychologin. Da Frau P. damit droht, eher ihren Sohn und seine Familie umzubringen, als dass sie sich von ihnen vergiften läßt, kann sie auch gegen ihren Willen mitgenommen werden. Polizei muß gerufen werden, muß sie in Gewahrsam nehmen. Der Sohn unterschreibt, dass er mit einer Zwangsmedikation einverstanden ist, sollte seine Mutter sich weigern.«

»Eine deprimierende Geschichte, Opa. Von der Frei-

heit des Alters kann ja her nicht mehr die Rede sein.«
»Natürlich nicht. Theoretisch hätte Frau P., zumindest am Anfang, die Freiheit, zum Arzt zu gehen mit ihren Vergiftungssorgen. Aber es gehört bekanntlich zu solchen Krankheitsbildern dazu, dass man es selbst nicht als Krankheit erkennt.«

»Wie könnte es dazu kommen, dass Frau P. eine Altersparanoia entwickelt?«

»Das fällt in dein Fach, Emily. Vielleicht spielt das Vergiftungserlebnis während der Töpferlehre eine Rolle; vielleicht ist irgendeine unterschwellige Angst da, den Afrika-Traum zu verwirklichen. Vielleicht ist er zu groß …«

»… so dass sie es so dreht, dass sie daran gehindert wird.«

»Vielleicht gibt es aber gar keinen psychologischen Grund, was ja immer besonders unbefriedigend ist.«

»Und wie es im späten Alter mit Frau P. weitergeht, mag man sich gar nicht vorstellen.«

»Möglicherweise kann man sie gut behandeln. Mit einigen Medikamenten, gut eingestellt, beruhigt sie sich, ihre Vergiftungsideen verlieren sich, werden ihr selbst nachträglich fremd. Aber da sie doch ständig hochdosierte Mittel nehmen muß, wird sie etwas stumpf, träge, desinteressiert. – Oder sie bleibt eine *wahnsinnige Alte*, entwickelt immer neue Verfolgungsvarianten und endet in einem psychiatrischen Pflegeheim.«

9

Martha

»Ich wünschte, ich könnte auch so genügsam sein wie Martha«, sagt Emily beim nächsten Treffen.

»Du nennst sie beim Vornamen?«

»Ja. Sie bestand darauf. Sie sei schon immer *Martha.* Sie ist Altenpflegehelferin und wird auch von Bewohnern nur Martha genannt. Sie ist übrigens die Frau des Straßenbahnfahrers. Wie ihr Mann wollte sie ursprünglich Abitur machen und studieren. Dann kam früh das Kind. Auch sie verschob erst den Abiturplan. Dann gab sie ihn auf. Über eine Bekannte ergab sich die Möglichkeit, im städtischen Altenheim mitzuarbeiten. Sie machte die Ausbildung zur Altenpflegehelferin und ist seitdem dort. *Es ist ein Teil meines Lebens,* sagt sie. Sie sehe das nicht als Arbeit. Sie habe am Morgen nie das Gefühl, jetzt müsse sie zur Arbeit gehen. *Meine Arbeit mit den Alten, das bin ich,* sagt sie. Sie studiere das Leben. Dazu brauche sie kein Abitur. Man müsse nur die Augen offen halten.

Seit der Sohn in den Kindergarten kam, ist sie als Halbtagskraft im Heim, Vollzeit habe sie nie gewollt, weil sie auch gerne Hausfrau sei. Darauf komme ich gleich.
Martha ist jetzt 57. Es hat offenbar keine spektakulären Wendungen oder Einschläge in ihrem Leben gegeben. Mit dem Sohn habe sie nie Probleme gehabt. Er sei ein stiller Typ. Mit ihren Kolleginnen sei sie immer gut ausgekommen und mit den Alten sowieso.«

»Ist es nicht auf eine eigene Art spektakulär, wenn ein junger Mensch sich entscheidet, mit ganz alten Menschen pflegerisch zu arbeiten? Und geradezu sensationell finde ich die Haltung, das Leben studieren zu wollen da, wo es sich immer mehr einschränkt und absehbar zuende geht.«

»Ich habe mich auch gefragt, was junge Menschen dazu bringt, im Altenheim zu arbeiten.«

»Manchmal das Arbeitsamt, meine Liebe. Hier aber hat es etwas Selbstverständliches, obwohl ihr ursprünglicher Plan ja in eine ganz andere Richtung ging. Ich bezweifle auch, ob es ein wirklicher Beschluss war. Es hat sich eben für sie ergeben. Sie hat es angenommen. Sie hadert nicht mit dieser Wendung.«

»Ich frage bei den Interviews ja auch gerne, was die Person in der Pubertätszeit umgetrieben hat, welche

Ideale oder Sehnsüchte. Da wird oft im Kern sichtbar, was dann später, oft eben erst im Alter, sich zu einem roten Faden entwickelt.«

»Und was ist es im Fall von Martha?«

»Sie sagt, sie habe damals monatelang das Bild vor Augen gehabt, dass sie auf einem Berg sitzt und Bäume, Sträucher und Wiesen in der Umgebung in der auf- und untergehenden Sonne betrachtet. Es sei ein bestimmtes Rhythmus-Gefühl gewesen, das mit diesem Bild verbunden gewesen sei.«

»Und? Sieht man davon etwas in ihrem weiteren Lebensgang?«

»Erst mal nicht. Es sei denn, man bringt die Regelmäßigkeit ihres Lebens, ihres Alltags damit in Verbindung. Sie dachte übrigens immer lange nach, bis sie antwortete. Es schien mir, dass es ihr ungewohnt war, über ihr eigenes Leben zu reflektieren. Mein Bezug zu ihrem Pubertätsbild war es dann, dass ich mir vorkam, als würde ich sie bei ihrer Betrachtung stören mit meinen Fragen, während sie da auf dem Berg sitzt. Bei manchen Fragen lachte sie auch etwas verlegen. So, als ich sie fragte, was sie in ihrer Freizeit mache. Sie sei gerne Hausfrau, sagt sie. Sie kocht gerne und backt für die Familie. Freundinnen hätten sie früher schon mal damit aufgezogen, ob das nicht ein bißchen altmodisch sei. *Ich bin gerne Hausfrau,* habe sie dann immer gesagt. Sicher, auf dem Gymna-

sium, in Gesellschaftslehre, sei von der Emanzipation der Frau gesprochen worden. Das sei auch alles gut und richtig. *Aber so lange mich keiner dazu zwingt, ist es in Ordnung, und ich mache es gerne.*
Was Freizeit betrifft, habe sie außerdem ja ihre Freundinnen, die meisten sind Kolleginnen aus dem Altenheim. Ein paar weitere seien die Ehefrauen anderer Straßenbahnfahrer. Einmal in der Woche treffen sie sich, reihum, spielen Karten, bereiten Feste vor, klönen.
Und zur Freizeit gehören ja auch ihre Urlaube mit der Familie, in letzter Zeit zu zweit mit ihrem Mann. Zwei Mal im Jahr fahre man mit dem Wohnwagen los, manchmal nach Norden, manchmal nach Süden. Wo es schön ist, mache man Halt, meist an einem See oder Fluß. Die Touren durch Norwegen und Schweden hätten ihr besonders gut gefallen.
Und dann gehe sie eben immer wieder gerne an die Arbeit zurück. Sie habe es im Unterschied zu einigen Kolleginnen auch nie als anstrengend oder unangenehm empfunden, die alten Menschen zu waschen, zu füttern, zur Toilette zu begleiten. Die Mehrzahl ihrer Kolleginnen würde über Rückenschmerzen klagen und oft auch darüber, dass ihnen der eine oder andere alte Mensch auf die Nerven gehen würde. So was habe sie nicht. Aber sie hätte auch kein besonderes Mitleid wie einige Ehrenamtliche, die ins Altenheim kommen und vor Mitleid zer-

fließen, wenn eine alte Frau nach ihrem – längst verstorbenen – Ehemann ruft.
Besonders gerne wasche sie die Verstorbenen. Das sei wie Geburtsvorbereitung, sage sie immer, und ihre Kolleginnen würden dann lachend mit dem Kopf schütteln. *Es ist eine Art Hebammenaufgabe, mit den ganz Alten, den Sterbenden zu arbeiten. Man verhilft ihnen, körperlich möglichst sauber und seelisch so gut es geht in Frieden zu ihrem nächsten Schritt, zu dem, was danach kommt,* sagt Martha.
Als ich sie fragte, welche Vorstellungen sie über ihr eigenes Alter habe, nahm sie noch mal Bezug auf ihre berufliche Erfahrung: *Wenn der Mensch direkt auf den Tod zugeht und wenn er dabei bei klarem Bewusstsein ist, dann ist das die Phase seiner größten Freiheit. Er ist losgelöst von allen irdischen Verpflichtungen, Denkmustern, Sichtweisen. Er steht darüber. Nicht mal Selbständigkeit in der Körperpflege wird von ihm noch erwartet. Er kann so frei denken wie sonst noch nie. Er kann sogar sein Sterben denken. – Sicher, wenn der alte Mensch sehr krank ist, Schmerzen hat oder wenn er verwirrt ist, dann geht das so nicht. Trotzdem, selbst von dementen Alten höre ich manchmal Einsichten und Weisheiten, die wohl nur möglich sind, weil sie völlig losgelöst sind. Das macht ihnen natürlich selbst auch Angst. Und vielleicht würden wir noch mehr Einsichten und Weisheiten zur Kenntnis nehmen*

können, wenn wir Gesunden das Erleben und die Sichtweise der Dementen besser nachvollziehen könnten, erzählt Martha.
Für ihr eigenes Alter habe sie keine konkreten Vorstellungen, weder Erwartungen noch Befürchtungen – außer der, dass ihr Mann als Rentner gelangweilt auf dem Sofa herumsitzt, fügt sie lachend hinzu. Sie habe keine unerfüllten Wünsche wie manche ihrer Freundinnen, die sich vom Ruhestand die Erfüllung langgehegter Wünsche erhoffen. Dann fällt ihr doch noch ein Wunsch ein, ein Plan: Sie spare, sagt sie, seit einigen Jahren auf einen guten Fotoapparat, den wolle sie sich zu Beginn ihres Ruhestands leisten. Eine Leica M7, eine analoge Kamera, soll es werden. Das ist ein edles Teil. Da ist man mit gut 2000 Euro dabei.«

»Hat sie Konkretes damit vor?«

»Ich habe es so verstanden, dass sie Naturfotographien machen möchte. Martha sagt, sie habe auf den Urlaubsreisen immer Blumen und Landschaften fotografiert, eigentlich nie Menschen.«

»Lass mich noch mal zurückkommen auf ihre Pflege der Sterbenden und der Verstorbennen. Hat sie Vorstellungen, wie sie selbst auf den Tod zugehen wird?«

»Ja. Hat sie. Sie ist auch die einzige meiner Interviewpartner, die diese letzte Phase von sich aus ins

Gespräch brachte. *Ich bin sehr neugierig,* sagt sie in diesem Zusammenhang. Sie sei neugierig darauf zu erfahren, wie das eigene Leben sich aus der anderen Welt darstelle. Sie nehme an, dass man von dort aus Vieles anders sehe, als man es zu Lebzeiten gesehen habe. Dass man Manches vielleicht erst richtig verstehe aus dieser neuen Perspektive. Nach dem Tod komme ein Neues, sagt sie. Sie denke dass man von dort aus erst das Wesentliche erfassen könne. *Bis dahin muß man Geduld haben,* sagt sie. Sie sagt es nicht todessehnsüchtig, sondern wie eine Tierfilmerin, die lange warten kann, bis ihr ihr Objekt vor die Linse kommt.«

»Wie kommst du jetzt auf diesen Vergleich?«

»Vielleicht wegen der Leica. – Nun bin ich neugierig, wie wird es sein, wenn sie alt ist«, sagt Emily.

Marthas stille Neugier

»Die Formulierung deiner Frage enthält schon eine Antwort. Es wird wohl eher ein Sein, ein sicher intensives Sein, werden, weniger ein Geschehen oder Ablauf von Ereignissen. Wenn sie gesund bleibt, so kann man annehmen, könnte sie die Vision aus der Pubertätszeit umsetzen. Sie wird auch das nicht in spektakulärer Weise tun. Sie nutzt jetzt einfach ihre frei gewordene Zeit für ausgiebige Naturbeobachtungen. Sie fotografiert Bäume, wie sie sich im Jahreslauf wandeln. Sie macht Aufzeichnungen, vielleicht in einer Art Natur-Tagebuch, über das tägliche Wetter, über Wolkenbildungen, Temperatur, Wind. Vielleicht liest sie ein wenig – wie die verschiedenen Arten von Wolken entstehen, wie es zu den Wetterphänomenen kommt. Aber nicht viel. Lieber wird sie selbst ihre Schlüsse ziehen, wird selbst die Zusammenhänge entdecken wollen. Vielleicht – doch etwas Neues – übt sie sich darin, die Blumen in ihrem Garten zu zeichnen, vom ersten Aufsprießen bis zur Blüte. Sie wird in die Natur hinausgehen, zu einem Fluß, im Herbst und im Frühjahr die durchziehenden Vögel beobachten, sie fotografieren. Sie wird sich mit den Rufen der Vögel beschäftigen. Sie wird herausfinden, dass sie anders rufen, wenn sie aufbrechen, als wenn sie ankommen. Sie wird die Vogelarten schon von weitem an ihren unterschiedlichen Flugformationen erkennen lernen: Breitfrontflug, Keilflug, Schwarmflug. Sie wird mit dem Fahrrad morgens dahin fahren, wo die Vögel ihre Futterplätze haben, und abends zu deren Schlafplätzen. Auf ihre Art wird sie eine Expertin werden. Aber darum geht es ihr nicht. Ich denke, was sie antreibt und auch in Zukunft antreiben wird, ist tatsächlich so etwas wie eine stille Neugier, eine respektvolle Neugier: Was ist Leben? Ich verstehe sie so, dass dies ihre Frage ist.

Sie ist kein Forschertyp, der aktiv Experimente machen würde. Sie ist der beobachtende, abwartende Forschertyp. Man kann darüber spekulieren, wer am Ende mehr verstanden hat. Außerdem: bei solchen Fragen gibt es wohl kein Ende. Ich stelle mir ihr Alter so vor: als einen Zustand des Beobachtens und Schlussfolgerns, nicht als Ereignisabfolge.«

»Das ist deutlich geworden.«

»... und auch nicht als das Abflauen von Ereignissen, wenn man dann ganz alt ist. Insofern ist eigentlich kein Unterschied zwischen der Zeit ihrer Berufstätigkeit und ihrem Ruhestand.
Ihre Freundschaften wird sie wohl etwas ausführlicher pflegen. Sie hat jetzt natürlich mehr Zeit dazu. Die Freundinnen machen ausgedehnte Fahrradtouren. Auf mehr oder weniger klapprigen Rädern, vollgepackt mit Picknickkörben und Isomatten, ziehen sie gemütlich fröhlich schnatternd durch die Landschaft. Welch ein Kontrast zu den angestrengten Hardcore-Senioren-Radlern, die ich aus meinem Fenster sehe. Sie halten zum Picknick, verlieren sich auch mal im Plaudern und Erzählen. Dann fahren sie eben zurück. Morgen ist auch noch ein Tag.«

Martha bildet Gewohnheiten

»In einer zweiten Variante greifen wir das Thema Rhythmus auf, das ja für sie selbst in der Pubertätsvision lag.«

»Kommt denn jetzt etwas Speed in die Bude?«

»Ich bin sicher, sie hat viele Gewohnheiten, Rituale. Ganz bewußt. Sie benutzt ein anderes Geschirr, wenn Besuch da ist, als im Alltag zu zweit.«

»Das erinnert mich irgendwie an Tante Hildegard.«

»Das ist hier nicht spießig, sondern sie dokumentiert damit für sich selbst, dass es etwas Besonderes ist, wenn Besuch kommt. Wobei ich damit nicht sagen will, dass das selten der Fall wäre. Sie hat ihre Gewohnheiten. Morgens zum Beispiel, bevor sie Frühstück macht, liest sie in einem alten Buch, das die Landschaft ihrer Heimat beschreibt, wie sie früher war. Eine Viertelstunde nur. Aber es ist eine für sie sinnvolle Gewohnheit, an der sie nicht aus Starrsinn festhält, was ja bei Alten schon mal vorkommt, sondern die sie bewußt pflegt. Ich denke mir also, das Leben zu ordnen, zu rhythmisieren durch Gewohnheiten ...«

»... wobei es ja vorher auch nicht gerade unordentlich war ...«

„ ... das könnte sie im Alter ausbauen. Sie könnte

zum Beispiel ihre Woche zeitlich strukturieren: Am Montag beschäftigt sie sich mit den Pflanzen im Garten, eine Stunde sagen wir …«

»… würde mir persönlich reichen …«

»… am Dienstag fährt sie mit dem Fahrrad zum Waldrand und fotografiert, Schößlinge und abgefallene Äste im Unterholz, die Pilze ansetzen. Am Mittwoch ist Putztag. Ich wette, sie putzt gerne. Und mit Bedacht. Am Donnerstag stellt sie sich alle halbe Stunde ans Fenster, macht Wetteraufzeichnungen, zeichnet vielleicht Wolkenformationen. Am Freitag liest sie einer alten, fast blinden Nachbarin vor. Der Samstag gehört dem Zusammenleben: kleine Wanderungen mit ihrem Mann, gemeinsamer Besuch von Bauernmärkten, so etwas.«

»Und sonntags in die Kirche, nehm ich an.«

»Kann sein. Braucht sie aber nicht. Sie hat ihre Kirche im Wald. Ich weiß, du denkst, das ist alles sehr kleinkariert. Das könnte bei jemand anderem auch so sein. Aber bei Martha ist das Gegenteil der Fall. Ein solches Leben ist bei ihr Ausdruck von Freiheit. Ihre Freiheit besteht darin, sich solche Gewohnheiten zu bilden, sie zu pflegen, sie gegebenenfalls zu verändern. Ich weiß, es gibt alte Leute, die brauchen ihre Gewohnheiten als Gerüst …«

»Wir beide wissen, lieber Großvater, dass du da jetzt

nicht dein abendliches Gläschen Rotwein meinst.«

»... es fällt ihnen nichts mehr ein, außer den Gewohnheiten weiter nachzugehen, denen sie schon immer nachgegangen sind. Martha ist frei davon, diese Gewohnheiten zu brauchen. Sie schätzt sie. Das ist etwas Anderes. Nicht die Gewohnheiten haben sie in der Hand, sondern sie ist Herrin ihrer Gewohnheiten.«

»Meinetwegen«, sagt Emily, »Jetzt ist mir aber doch nach etwas Action.«

Martha arbeitet wieder

Wahrscheinlich wird es dich frustrieren. In der dritten Variante ändert sich äußerlich gar nichts. Kaum ist Martha vier oder sechs Wochen im Ruhestand, kaum hat sie sich die Leica angeschafft, da ruft die Heimleitung an vom städtischen Altenheim: Große Personalnot, mehrere Altenpflegerinnen sind krank, zwei davon wohl längerfristig. Ob sie nicht bereit wäre, für wenigstens zwei Tage in der Woche noch mal eine Zeit lang zu arbeiten. – Was sagt sie?«

»Ich ahne es: Sie sagt Ja.«

»Genau. Aber warum sagt sie Ja? Darauf kommt es an. Jemand anderes würde vielleicht Ja sagen aus Pflichtgefühl, noch jemand anderes, weil ihm bzw.

ihr nach sechs Wochen Ruhestand langweilig geworden ist, und der oder die dritte Jemand würde Ja sagen, weil man das Geld braucht.«

»Und warum also sagt Martha Ja?«

»Aus innerer Freiheit. Sie braucht es nicht. Deshalb kann sie in Freiheit Ja sagen. Einfach weil es Sinn macht, und zwar einen neuen und anderen Sinn, jetzt noch mal zu arbeiten.«

»Da bin ich gespannt. Was wird denn jetzt aus ihren Naturbeobachtungen, aus den Fototouren, aus der Gewohnheitspflege, aus den geselligen Fahrradausflügen?«

»Im Prinzip ändert sich daran nichts. Sie wird natürlich etwas weniger Zeit dafür haben. Aber sie wird sich nicht beirren lassen. Sie wird die neue Situation einbauen in ihre Gewohnheitspflege, ihre Naturinteressen. Das wird alles nicht zu kurz kommen.«

»Aber es ist doch das Alte.«

»Ist es nicht. Jetzt tut sie es aus vollständiger Freiheit. Davor war es ein Beruf, der sich so ergeben hatte, den sie ja auch aus finanziellen Gründen brauchte, und den sie gerne auch innerlich angenommen hat. Jetzt ist es eine Art Hobby.«

»Schön für die Arbeitgeber.«

»Vielleicht ist Hobby nicht das richtige Wort. Ich

stelle mir vor, sie tut jetzt, an zwei Tagen in der Woche, was sie zwar schon jahrzehntelang getan hat, nun aber ist ihr Interesse im Vordergrund. Wollte sie nicht das Leben studieren?«

»Ja. Im Altenheim!«

»In dieses Interesse baut sie ihre neue-alte Tätigkeit ein. Sie tut es letztlich für sich, auch wenn sie nicht von sich aus darauf gekommen wäre, noch mal arbeiten zu gehen.«

»So verwickelte Gedanken macht sie sich?«

»Muß nicht sein. Ich habe ein Bild von ihrer Intuition. Die schaltete sich im Moment des Anrufs ein. Da heraus macht sie es. Da heraus kann sie sofort zusagen.«

»Gesetzt, es kommt so. Das ist ja dann aber kein Plan fürs Alter. *Eine Zeit lang,* hatte die Heimleitung gesagt, also sagen wir ein halbes Jahr oder ein ganzes. Und danach?«

»Danach greifen Variante eins oder zwei oder beide.«

»Eine seltsame Unbeirrbarkeit.«

»Oder einfach eine innere Sicherheit.«

»Nächstes Mal brauch ich dann aber doch mehr Dramatik in den Altersvarianten.«

10

Herr P., Dachdecker

Diesen Samstag hat Emily Opa Theo ins Waldcafé eingeladen. Man hat eine halbe Stunde zu gehen. »Damit du etwas Bewegung hast«, hat sie gesagt.

Der Weg ist eben und gut festgetreten. Wenn sie langsam gehen, müßte es gut zu schaffen sein.

»Wir entwickeln Möglichkeiten, wie die Biographien im Alter sich weiter gestalten könnten, Opa. Aber muß man nicht mit Gesetzmäßigkeiten rechnen, die auch der Altersbiographie einen Rahmen geben? Welche Bedeutung hat im Alter zum Beispiel der Siebener-Rhythmus, von dem seit alters her gesagt wird, er rhythmisiere und gliedere die Biographie thematisch?«

»Hab davon gehört. Norbert schleppte mich vor einiger Zeit in die VHS zu einem Vortrag über die Biographie eines Malers, der kürzlich gestorben war. Der Vortragende hat die Entwicklung dieses Künstlers auf die Entfaltung der Jahrsiebte bezogen.«

»Und was hast du dort zur Wirksamkeit der Jahrsiebte im Alter gehört?«

»Dass es vorbei ist damit. Auch das ist offenbar eine Dimension der Freiheit des Alters. Noch bis ins späte Erwerbsleben bist du mit Fragen, mit Impulsen konfrontiert, die sich aus der Wirksamkeit der Jahrsiebte ergeben, wenn ich das richtig verstanden habe. Das ist aber spätestens mit Siebzig vorbei. Und wenn du aus einem früheren Erdengang ...«

»Muss ja ein tiefschürfender Vortrag gewesen sein ...«

»... Themen oder Fragen mitgebracht hast, bist du damit auch spätestens mit Siebzig durch. Du hast sie aufgelöst oder du kannst nichts mehr daran machen. Ab Siebzig bist du frei auch von dieser Vergangenheit, die du aus fernen Zeiten mitgebracht hattest.
Der einzige Rahmen, oder sagen wir ehrlicherweise, die einzige Einschränkung, der die Altersbiographie unterliegt, ergibt sich aus dem irgendwann fragiler werdenden Stand deiner körperlichen und geistigen Gesundheit. Und übrigens aus der Höhe deiner Rente. Aber das ist ein anderes Thema. Es sind also äußerliche Einschränkungen. Hier innen«, Opa zeigt auf sein Herz, »bist du so frei wie nie.«

»Man kommt nicht ohne weiteres darauf, wenn man der öffentlichen Diskussion über den Demographiewandel folgt. Der unterliegt eher ein mitleidiger, allenfalls ein bißchen ermunternder Ton. Nach dem Motto: *Sie können ja immer noch einen Häkelkurs besuchen.*«

»Es gibt übrigens, das hab ich auch in dem Vortrag gelernt, eine Ausnahme, was das Freisein von biographischen Gesetzmäßigkeiten betrifft. Das ist der vierte Mondknoten. Im Mondknoten, also alle 18 Jahre und 7 Monate, kann ein Impuls zum Ablegen bis dahin wirksamer Lebensumstände oder innerer Prägungen auftreten. Man sagt, im Mondknoten begegnen sich Vergangenheit und Zukunft. Man legt Altes ab und die Biographie öffnet sich für Neues. Der vierte Mondknoten, wenn man also etwa 74 ein halb geworden ist, bringt noch mal die auch für alte Menschen wichtige Chance, bisherige Sichtweisen und Denkweisen abzulegen und sich für neue Sichtweisen zu öffnen. Das geschieht nicht von alleine und nicht von heute auf morgen. Es gibt Anlässe, entsprechende Ereignisse, die einem diesen Wandel nahelegen können. Im vierten Mondknoten kann sich für einen Moment die Freiheit des Alters verdichten.
Er kann wirksam werden, muß aber nicht. Man kann aus Altersstarrsinn am Gewohnten festhalten. Oder andersherum: Man ist schon länger offen für neue Sichtweisen, probiert sie aus. Dann bedarf es der Wirksamkeit des Mondknotens nicht.«

»Wie kann ich mir das konkret vorstellen – und, nur in Klammern sei´s vermerkt, ich frage mich, wie ich solche Gesichtspunkte meiner Professorin für Gerontopsychologie beibringen soll?«

»Wir können das bei deinem heutigen Fall einmal durchexerzieren. Wen hast du mitgebracht?«

»Herrn P. Er sagt, er mache sich keine Illusionen über seinen Ruhestand. Er werde, wenn auch in Maßen, weiterarbeiten müssen. Er ist selbständiger Dachdecker. Er hat schon lange keine Mitarbeiter mehr. Er lebt von kleineren Aufträgen: Flachdächer versiegeln, Regenrinnen und -rohre erneuern. Seine Rente werde absehbar nicht reichen. So werde er wohl weiterhin den einen oder anderen Auftrag annehmen müssen.
Eigentlich, das ist sein Traum, würde er im Alter gerne reisen, bzw. wandern. Schon seit vielen Jahren stelle er sich vor, durch Deutschland zu wandern oder auch durch ein skandinavisches Land. Aber daraus werde wohl nichts, meint er. Immerhin habe er seinen Garten. Die Gartenpflege – das sei nicht nur sein Hobby, da tanke er auf. Am Wochenende sei er mehr draußen im Garten als im Haus.
Sodann habe er noch ein weiteres Hobby: Er sammle alte Fenster und Türen. Fast seit Anfang seiner Berufstätigkeit nehme er, wenn er bei der Sanierung eines alten Gebäudes mitarbeite, ausrangierte Türen

oder Fenster mit nachhause, teils noch verglaste, teils nur die Rahmen. Er wisse nicht recht, warum eigentlich. Auch was er damit machen könnte, wisse er im Moment nicht. Aber ihn fasziniere der handwerkliche Aufwand, mit dem früher die Schreiner Fenster und Türen angefertigt hätten. Er betrachte einfach gerne auch die kunstvollen Griffe aus Messing oder Eisen oder manchmal sogar aus Porzellan. Er bewundere, wie die Türen aufwendig kassettiert seien. Seine Frau habe jedes Mal die Hände über dem Kopf zusammengeschlagen, wenn er wieder so ein Fundstück mit nachhause gebracht habe. Seine Garage sei voll davon.
Nachdem seine Frau vor ein paar Jahren gestorben sei, habe er, einfach um sich im Winter zu beschäftigen, wenn im Garten nicht viel zu tun ist, angefangen, die Fenster und Türen zu sortieren nach Alter. Aber weit sei er damit nicht gekommen. Da bräuchte es einen Architekten oder Kunsthistoriker.
Außerdem hole er jetzt jedes Wochenende seine Tochter zu sich ins Häuschen. Sie ist seit Geburt stark körperbehindert, sitzt im Rollstuhl, auch in ihrer geistigen Entwicklung sei sie etwas zurück. Sie habe eine Förderschule besucht und lebe seitdem in einer Behinderteneinrichtung. Außer zu ihr habe er wenig Kontakte. Einige Freunde aus früheren Zeiten lebten weit weg. Wie könnte sein Weg aussehen ab der Rente? Wird er einfach nur weiter arbeiten?«

Unterwegs mit dem Wohnmobil

»Er scheint nach dem Tod seiner Frau mit seiner Tochter enger zusammengerückt zu sein. Sonst hat er offenbar kaum Kontakte vor Ort. Es könnte doch sein, dass er die früheren Freundschaften wieder aufgreifen möchte. Nicht zu vergessen: Er würde gerne reisen, beziehungsweise wandern. Es bietet sich doch an, dass er das verbindet. Auch wenn er noch weiter arbeiten muß, ist er dennoch frei darin, wie er seine Zeit gestaltet. Er kann einen kleinen Auftrag ausführen, danach aber jeweils ein oder zwei Wochen auf Reisen sein, bis zum nächsten Auftrag. Das geht allerdings nicht zu Fuß. Er besucht also seine Freunde mit dem Auto. Nun gehen wir davon aus, dass ihm, gerade, wenn er verreist ist, zunehmend seine Tochter fehlt. Das Reisen fühlt sich deshalb nicht so gut an, wie er sich das vorgestellt hatte.«

»Also?«

»Also beschafft er sich ein Wohnmobil. Er ist Handwerker. Er kann es selbst ausbauen und umbauen, so dass es auch mit Rollstuhl nutzbar ist.«

»Er will seine Tochter mitnehmen?«

»Da würde ich jede Wette machen. Der Umbau ist natürlich kein Kinderspiel. Es fängt schon bei der Tür an. Sie muß verbreitert werden. Dafür muß er

sich die Konstruktionspläne für den Aufbau besorgen, denn die Türrahmen gehören beim Wohnmobil zur tragenden Konstruktion. Man kann sie nicht einfach herausnehmen. Wenn er den Türrahmen herausnimmt, muß er eine neue tragende Säule einbauen – für einen Dachdecker wohl kein großes Problem, nehme ich an. Weiterhin geht es an den Umbau der Innenausstattung. Die Sitzecke nimmt er heraus und bringt stattdessen für die Tochter ein versenkbares Bett an. Dadurch entsteht auch mehr Platz. Er selbst will im Alkoven schlafen. In der Waschkabine installiert er eine abklappbare Bank, damit seine Tochter sitzend sich selber waschen kann. Sodann muß eine Rampe her oder ein Lift, damit der Rollstuhl überhaupt ins Innere gelangt.
Nach drei oder vier Monaten ist es soweit: Die Tochter freut sich riesig und ist schon ganz ungeduldig. Herr P. meldet sie für zunächst ein halbes Jahr vom Heim ab. Dann geht es auf große Fahrt, quer durch Deutschland. Wie es ihnen in den Kopf kommt. Beide lieben alte Ortschaften an Gewässern: Also Bodensee, Mosel, Elbe.«

»Bevor du jetzt selbst ins Schwärmen kommst, Opa: Wie kann man sich das finanziell vorstellen? Wir gehen doch davon aus, dass er weiter arbeiten müßte.« Emily ist skeptisch.

»Er kann sein Haus vermieten.«

»Einem fremden Menschen das Haus überlassen? Machen das alte Leute?«

»Wenn man dem öffentlichen Bild vom Alter folgt, nein. Und wenn der betreffende Alte das gleiche Bild hat, auch nicht. Aber das ist eben die Freiheit: Sich darüber hinweg zu setzen.«

Sie sind im Waldcafé angelangt. Emily wollte Opa zu einem Kaffee und Kuchen einladen. Opa bestellt sich ein Glas Rotwein. Emily´s rechte Augenbraue zuckt kurz. Opa tut so, als hätte er das nicht gesehen.

»Baue jetzt mal den Mondknoten ein.«

»Sehen wir uns als erstes Herrn P. im höheren Alter an. Er ist 74 geworden. Reisen mit dem Wohnmobil traut er sich nicht mehr. Er merkt, dass er unsicher beim Fahren geworden ist. Besonders bei Dämmerung über Land sieht er schlecht. Und da er sich von Anfang an vorgenommen hatte, keine Autobahn zu fahren, um mehr von der Landschaft zu sehen, ist er viel Landstraße gefahren. Er beschließt nun, den Führerschein abzugeben. Das wäre ein bewußter Abschluß.
In der ersten Zeit des Reisens hatte er alte Freundschaften wieder auffrischen wollen, hat mit seiner Tochter Freunde besucht in allen Winkeln Deutschlands. Er stellt nun, mit ca. 74 fest, dass wenig daraus folgte. Fast alles ist wieder eingeschlafen. Er wird wohl etwas traurig sein darüber. Nur ein

einziger Freund, der in einer Großstadt im Altenheim lebt, ist geblieben. Bei einem Gläschen Wein …«

»Das hätte ich mir denken können.«

»… kommen die beiden auf die Idee, zusammen eine WG aufzumachen. Herr P. verkauft sein Haus, sein Freund kündigt im Altenheim. Zusammen kaufen sie eine Eigentumswohnung mitten in der Stadt. Parterre, mit einem kleinen Gärtchen davor. Das war Herrn P.´s Bedingung. So beginnt jetzt etwas ganz Neues: Alltag in einer Männer-WG. Das gibt erst mal Reibereien, ist auch mal anstrengend. Aber sie raufen sich zusammen …«

»… und süppeln abends ihren Rotwein. Ist das das Neue?«

»Ja. Ist es nicht genug? Fast alles, was sein Leben, sein Alter bis dahin geprägt hatte, die alten Freundschaften, das Reisen – das ist alles von ihm abgefallen um die Zeit des Mondknotens. Jetzt tritt das Neue auf: WG-Leben. Wichtig ist nur, dass das Neue immer eine Anknüpfung hat an Früheres. Das Zukünftige ist eine Art von Verwandlung des Vergangenen.«

»Also doch ein biographisches Gesetz, das noch im Alter gilt.«

»Auch die Schwerkraft gilt noch im Alter. Obwohl, der Vergleich hinkt. Der Schwerkraft kannst du nicht entrinnen, dem Mondknoten schon. Du kannst das, was sich anbietet als neue Möglichkeit, ignorieren.«

Der Zauber alter Obstbäume

»Wenn nun Herrn P.´s Alter sich doch nicht so abenteuerlich gestaltet, welche anderen Möglichkeiten können wir uns vorstellen?«

»Da ist sein Hobby, der Garten. Dem kann er sich widmen, auch wenn er sporadisch noch Arbeitsaufträge erledigt. Herr P. beginnt, sich für alte Obstsorten zu interessieren, Apfelsorten, Birnensorten, die im Supermarkt nicht auftauchen. Er macht sich schlau, spricht Obstbauern an, tut sich in entsprechenden Gärtnereien um. Er fängt mit alten Birnensorten an. Da sein Garten dem Süden entgegen leicht in einen Hang übergeht, werden sie genügend Wärme haben. Birnbäume brauchen mehr Wärme als Apfelbäume. Er kauft halbhohe Sorten, die er im Abstand von fünf bis sieben Metern einpflanzt. Er pflanzt gerne im Winter, solange der Boden noch nicht durchgefroren ist. Die Bäumchen können auf diese Weise noch etwas ruhen, um dann im Frühjahr umso kraftvoller auszuschlagen. Im Sommer, zur Blüte, hat er eine Bienenweide in seinem Garten. Natürlich braucht er Geduld. Er muß in die Zukunft blicken. Übrigens eine gute Übung für das Alter. Die

Bäume tragen erst nach vier bis fünf Jahren.
Später befasst er sich mit der Quitte. Ich stelle mir vor, er besorgt sich eine alte Sorte, zum Beispiel die Konstantinopler Apfelquitte, die türkischer Herkunft ist. Da sie im Unterschied zu den Birnbäumen selbstbestäubend ist, reicht erst mal eine.
Möglicherweise kann Herr P. sein Reisebedürfnis kombinieren mit diesem neuen Interessengebiet. Er fährt ins Elsass, zu Öko-Bauern nach Brandenburg, ins Alte Land hinter Hamburg. Er kommt ins Gespräch mit den Obstbauern, wird beraten. Von solchen Reisen bringt er die Pflanzen mit.«

»Woher weißt du das alles eigentlich?«

»Wissen tu ich gar nichts. Aber ich kann mir viel vorstellen, was die Lebensumstände und Lebenswege der Menschen betrifft.«

»Du warst Elektriker!«

»Eben. Als Handwerker lernst du die Menschen kennen. Ich meine weniger die Wohn- und Lebenssituationen, die du da siehst, jeden Tag eine andere. Vielmehr kommen die meisten Kunden rasch ins Erzählen. Erst plaudern sie ein wenig, dann wird über vergangene oder künftige Urlaube geredet, und schon sind sie bei sich selbst angelangt: Ärger mit dem Schwiegersohn, mit sonstigen Verwandten, Enttäuschungen, Pläne, Hoffnungen, Meinungen … Der Handwerker ist so eine Art ambulanter Seelsorger.«

»Du übertreibst nicht?«

»Allenfalls, um etwas deutlich zu machen.«

Der Glaspavillonbauer

»Können wir uns noch eine dritte Variante für Herrn P. vorstellen?«

»Was denkst du selbst?«

»So liebevoll, wie er von den alten Fensterrahmen und Türen gesprochen hat, könnte ich mir denken, dass er da etwas draus macht. Ich stelle mir vor, dass er sich als erstes, als frisch gebackener Ruheständler, ein Gartenhaus aus alten Glastüren zusammenbaut, einen Pavillon.«

»Auf Flohmärkten und auf Mittelalter-Märkten – wir wollen nicht vergessen, dass er gerne reist – besorgt er sich das notwendige Gestänge, die Eisenwinkel, alte Scharniere.«

»So entsteht ein kleiner Glaspavillon, achteckig, je zwei Flügeltüren auf jeder Seite. So kann man ihn nach allen Seiten öffnen.«

»Ist das jetzt dein Traum?«

»Ich träume seinen Traum weiter, der in seinen Augen leuchtete, als er von den alten Türen sprach.«

»Dann träume mal weiter. Wie könnte Herr P. diese Linie ausbauen?«

»Nachbarn werden auf den Pavillon aufmerksam. Einer traut sich, dann weitere, Herrn P. zu fragen, ob er ihm auch so ein Häuschen in seinen Garten setzen würde. Er bietet Bezahlung an.«

»Du meinst, weil er das Geld brauchen würde? Ich schätze aber, dass er für diese Arbeit kein Geld nehmen würde, nur für die Türen, die notwendigen Bauteile, das Fundament. Es wird ihm an dieser Stelle nicht ums Geld gehen.«

»In der Nähe ist ein großes Gartencenter angesiedelt. Man hört von ihm. Man will ihn unter Vertrag nehmen.«

»Er lehnt ab. Er will kein Geschäft daraus machen. Vor allem aber hat er den Anspruch, dass so ein Pavillon zum jeweiligen Garten, auch zum Besitzer passen muß. Du kannst keine mit eingelassenen Blumenmustern verzierte Jugendstiltür nehmen für jemanden, der seinen Garten rustikal bemöbelt hat. Bei manchen mag sich auch eine Terrasse besser in den Garten einfügen als ein gesonderter Pavillon. Er wird keine Bestellung annehmen, bevor er nicht ausführlich den Nutzer des Gartens kennengelernt hat.«

»Wenn das also sein dritter Weg wäre, frage ich mich dennoch, ob das lange trägt. Wird sich dieser Weg bei seinem vierten Mondknoten noch mal verändern?«

»Ob Mondknoten oder nicht. Nehmen wir an, dass ihn irgendwann die Wucht des Alterns trift. Kreuzschmerzen treten auf, er kann sich kaum noch bücken. Er braucht ein neues Hüftgelenk. Nach einem kleinen Schlaganfall gehorcht ihm die Hand nicht mehr richtig, zwei Finger sind taub.«

»Ist das jetzt das Neue, das der Mondknoten bringt, das neue Hüftgelenk?«

»Das wäre wohl eher ein zeitlicher Zufall, wenn die Einschränkungen zu diesem Zeitpunkt kämen. Was der Mondknoten bringen kann, ist ein neuer Umgang mit den Einschränkungen. Herr P. gibt also notgedrungen das Bauen von Pavillons auf. Stattdessen kommt er zwei Mal in der Woche in das Heim, in dem seine Tochter lebt, und liest behinderten Menschen vor, unterhält sich mit ihnen.«

»Mit dem Reisen ist es ja dann auch vorbei. Soll er ersatzweise sich DVDs mit Reisefilmen holen? Das wäre doch nur ein Ersatz.«

»Es ist das, was möglich ist. Und möglich ist jedenfalls immer mehr, als im eigenen Leid zu versinken.«

11

Frau R.

Emily zögert. »Ich weiß nicht, ob es pietätlos ist, wenn wir heute Ruhestandsszenarien entwerfen für eine Frau, die vielleicht schon gestorben ist oder im Sterben liegt.«

»So wie du sie kennengelernt hast – was würde sie selbst dazu sagen?«

Emily überlegt. »Bin nicht sicher. Ich glaube, sie hätte zumindest nichts dagegen.«

»Wenn wir es mit Respekt tun ...?«

»Es ist Frau R. Das Interview mit ihr war kurz. Ich hatte den Eindruck, sie von etwas abzuhalten. Sie schien mir mit etwas anderem beschäftigt. Erst am Schluß klärte sich das auf. Als ich schon aufgestanden war und mich bedankte, sagte sie, sie habe vor einigen Jahren Brustkrebs gehabt, sei operiert worden. Vor kurzem nun habe man Lymphknotenmetastasen bei ihr entdeckt. Sie wisse noch nicht, wie es weitergehe. Du kannst dir denken, wie peinlich es mir nachträglich war, die Frage nach Plänen für den Ruhestand gestellt zu haben.«

»War sie darauf eingegangen?“

»Auf eine seltsame Weise. Sie erzählte, wie sie als Kind leidenschaftlich gerne in den Zirkus gegangen sei. Besonders die Clowns habe sie in ihr Herz geschlossen. Sie habe da später, als Jugendliche, angeknüpft, indem sie Saxophon gelernt habe. Der Zusammenhang sei ihr aber erst vor einigen Jahren aufgegangen, als sie in einer Sendung über das Zirkusfestival in Monte Carlo einen Musikclown am Saxophon gesehen habe.«

»Es wäre nicht pietätlos, wenn wir das nachher aufgreifen. Aber erzähl erst ihre Geschichte.«

»Frau R. ist … war …«, Emily seufzt, » … ist Versicherungskauffrau im Innendienst einer Rechtsschutzversicherung. Ihr Mann ist beim Zoll am Flughafen. Sie sind nach der Wende nach Westdeutschland gekommen. Frau R. hielt hier inne und überlegte. Es sei doch eigenartig, sagte sie dann, dass sie und ihre Familie nie über Deutschland hinausgekommen seien. Alle Urlaube habe man in Deutschland verbracht, mal an der Nordsee, mal im Schwarzwald, mal am Bodensee. Es habe sich eben so ergeben. Aber komisch sei es schon. Denn in der Zeit vor der Wende habe man geträumt von Reisen in ferne Länder, Südamerika, Neuseeland. In der ersten Zeit nach der

Wende habe man aber anderes im Kopf gehabt. Man mußte sich hier zurechtfinden, im Behördendschungel zum Beispiel. Auch mußte man sich schützen vor dem nachträglichen Mitleid der neuen Nachbarn. Die BRD sei ihr manchmal wie eine Kolonialmacht vorgekommen. Die *uns bleiche Neger,* wie sie sagte, an den Segnungen der Zivilisation gnädigerweise teilhaben ließ. Auch die Kinder, die damals zur Grundschule gingen, hätten es anfänglich schwer gehabt. Kinder hier verhielten sich anders: Sie waren einerseits selbstbewußter, individualistischer, frecher auch. Andererseits gab es einen Verhaltenskodex, der für ihre Kinder nicht gleich durchschaubar gewesen sei. So seien sie, es sind zwei Jungs, einmal stolz mit neuen Jeans zur Schule gekommen. Dort hätte man aber nur mitleidig gegrinst. *Es war die falsche Marke,* sagte sie, *es war der Anfang der Neunziger Jahre. Da war so etwas noch Thema.*
Sie hätten wenig Bekannte und Freunde hier, es komme noch heute vor, dass sie sich als Zuwanderer erleben, fremd. Sie sei aber nicht unzufrieden. Ihre Söhne seien jetzt beide in Amerika zum Studieren und wollten dort auch bleiben.«

»Was macht sie in ihrer Freizeit?«

»Eben Saxophon spielen.«

»Alleine?«

»Weiß nicht. Sie hat es ja erst am Schluß erzählt.«

»Was erzählte sie aus ihrer Zeit in der DDR?«

»Wenig. Nur dass es nicht so ein Theater gewesen sei, wenn eine junge Mutter arbeiten gehen wollte. Es sei überhaupt ein besserer Zusammenhalt gewesen, gerade im privaten Bereich, mehr Solidarität. – Mehr war nicht zu erfahren. Wie gesagt, es lag etwas in der Luft, das mich – und sie – hinderte, näher einzusteigen.

Auseinandersetzung mit dem Ende

»Folgen wir also zunächst der Linie, die von der Neuerkrankung vorgegeben sein könnte: Frau R. muß sich mit dem Ende auseinandersetzen. Du wirst fragen, welche Freiheitsgrade hat sie noch? Ich könnte einfach antworten, sie hat die Freiheit des Umgangs damit. Sie kann in Verzweiflung und Angst erstarren oder sie kann aktiv auf ihr Ende zugehen. Realistisch ist, dass beides der Fall sein wird. Natürlich kann sie nicht jeden Tag frei entscheiden, ob sie die eine Stimmung hat oder die andere. Es wird Zeiten geben von Angst und Panik und Hilflosigkeit, und es wird Zeiten geben vielleicht sogar interessierten Umgangs mit den verbleibenden Möglichkeiten. In guten Tagen kann sie sogar neugierig sein auf das Ende, legt fest, wie sie es gestalten will, überlegt, ob sie noch Abschiedsbesuche macht oder, wenn das kräftemäßig nicht mehr zu stemmen ist, einzelne Freunde und Bekannte noch einmal zu einem Abschied einlädt. In schlechten Tagen wird sie sich verkriechen wollen. Oder sie klammert sich an einen Heilpraktiker, der ihr verspricht, sie mit irgendeinem Hokuspokus zu heilen. Bis auch so eine Hoffnung zusammenbricht, wenn beim nächsten Klinikaufenthalt neue Metastasen festgestellt werden.

Es wird Tage geben, da sie ihr Saxophon noch einmal hervorholt. Dann wieder wird es ihr zu schmerzlich sein – das Bewußtsein, jetzt zum letzten Mal darauf zu spielen.

Jemand versucht, sie zu animieren, noch eine große, weite Reise zu machen, wo sie doch in der DDR davon geträumt hat.

Wenn die Schmerzen zunehmen, mag sie für Momente an Freitod denken. Sie hat gehört von Möglichkeiten der Sterbehilfe in der Schweiz. Sie recherchiert im Internet danach. Da kannst du den Tod bestellen. Sie nimmt, denke ich, aber auch schnell wieder Abstand davon. Sie möchte das ihren Kindern nicht antun. Am Ende bekommt sie Morphium. Vielleicht verbringt sie ihre letzten Tage im Hospiz. Dort organisiert man einen Klinik-Clown für sie, nachdem man erfuhr, was ihre Leidenschaft als Kind gewesen war. Im Hospiz darf man auch lachen.«

Ein neu geschenktes Leben

»Nun möchte ich mir vorstellen, dass Frau R. nach unserem Interview doch noch geheilt werden konnte.«

»Das wird für sie ein neu geschenktes Leben sein. Sie wird sich frei fühlen wie nie. Sie wird eine ganz andere Freiheit empfinden als beim Fall der Mauer. Eine bis dahin nicht gekannte Lebensfreude wird erwachen. Und sie wird diese auch anderen schenken wollen.«

»Worauf steuerst du zu?«

»Auf den Clown. Es gibt Clownsausbildungen. Auch für Ältere. Erst neulich sah ich einen Kalender mit Clowns, die alle mindestens 50 oder 60 waren und in einer Clownsschule das Handwerk gelernt hatten.«

»Ist das nicht peinlich? Entschuldige, aber alte Leute mit roter Pappnase?«

»Ob es peinlich ist, liegt im Auge des Betrachters. Wer kann tieferen Humor haben als jemand, der Ernstes erlebt hat?«

»Ich weiß nicht ...«

»Wann lachst du beim Clown? Wenn du etwas wiedererkennst, wenn du dich in seiner Zuspitzung selbst erkennst. Weil es lustig ist, kannst du es annehmen.

Der wahre Narr meint es ernst.«

»Meinetwegen. Nehmen wir an, Frau R. macht also nach ihrer Genesung eine Clownsausbildung. Wie soll das gehen? Kann man lustig sein trainieren?«

»Man kann lernen, die Ernsthaftigkeit so zuzuspitzen, dass sie lustig wird. Das ist eine richtige Ausbildung. Da wird Improvisation geübt. Da werden irgendwelche Objekte auf die Bühne geworfen und die Humorazubis müssen damit eine kleine Geschichte entwickeln, einen Slapstick. Oder sie sind zu zweit auf der Bühne, jeder hat eine Rollenanweisung erhalten, die der andere nicht kennt. Daraus müssen sie eine Szene machen. – Pantomime wird geübt, eine Stimmung entwickeln nur durch Bewegung, Gestik, Mimik. Maske ist wichtig, das richtige Schminken, einerseits überzeichnend, andererseits sparsam. Jeder entwickelt im Laufe der Ausbildung eine bestimmte Figur, seine eigene, die dicke, unbeholfene Berta, der scheue Einzelgänger, der Choleriker, Figuren, die sich selbst im Wege stehen.«

»Sag mal, Opa, woher weißt du das eigentlich so genau?«

»Ach, ich hatte mich mal informiert. Nur so. Ist schon lange her.«

»Du wolltest …?«

»Ich hab nicht gesagt, ich wollte. Ich hab gesagt, ich

habe mich informiert.«

»Oha.« Es entsteht eine Pause. »Und dann? Was machen die diplomierten Humorspezialisten nach der Ausbildung?«

»Vieles ist möglich. Einige sind Musikclowns, haben eine musizierende Figur entwickelt. Frau R. mit ihrem Saxophon könnte so ein Musikclown werden. Sie werden engagiert bei Kindergeburtstagen, treten aber auch in Krankenhäusern auf, übrigens auch wirklich auf Palliativstationen. Andere sind Zauberclowns, kommen zu Schulfesten, treten bei Betriebsfesten auf. Wieder andere haben längere Stücke ausgearbeitet, die sie auf kleinen Bühnen zeigen. Ich hab vor einiger Zeit mal so eine Nummer gesehen …«

»Also doch …«

»… die bestand darin, dass der Clown die Rollen umgedreht hat: Das Publikum blickte erwartungsvoll auf die leere Bühne. Da kam der Clown durch einen Nebeneingang herein, verteilte rote Pappnasen ans Publikum, setzte sie zum Teil selbst den Leuten auf die Nase. Danach nahm er sich einen Stuhl aus dem Zuschauerraum, stellte ihn auf die Bühne, setzte sich hin und blickte nun genauso erwartungsvoll ins Publikum wie dieses auf die Bühne. Nun konnte man in seinem Gesicht ablesen, wie er sich immer mehr amüsierte, mal freudig überrascht war, mal stutzte, mal Mitleid zeigte – bis er am Ende vor

Lachen vom Stuhl fiel. Das war die Nummer. Großartig.«

»Okay, Opa. Jetzt aber zu Frau R.«

»Das ist sie doch. Mit Nummern dieser Art oder als Klinik-Clown wird sie anderen Freude schenken.«

Das Altenheim in der Slowakei

»Ich unterlasse jetzt jeden Kommentar und frage, ob es für Frau R. nach ihrer Genesung vielleicht auch noch andere Optionen gibt als sich lächerlich zu machen.«

»Du hat es nicht verstanden.«

»Ich fürchte, schon, aber ich mag es mir nicht vorstellen.«

»Ausprobieren.«

»Gut. Also sobald ich meine Therapieausbildung beendet habe, beginne ich mit einer Clownsausbildung.«

»Und die Frage ist, womit du den Leuten mehr hilfst.«

»Ach, Opa. Sag, welche Möglichkeiten hat sie noch?«

»Ausland.«

»Wie *Ausland*?«

»Ihre Träume aus DDR-Jahren. Da kann sie anknüpfen.«

»Reisen?«

»Auch. Ich dachte jetzt eher an ein Altenheim im Ausland. In der Slowakei zum Beispiel.«

»Wieso sollte sie dafür ins Ausland?«

»Wohnen im Altenheim und auch Pflege sind dort wesentlich billiger als hier. Und Pflege, wenn sie nötig wird, heißt dort nicht, dass drei Mal am Tag für je sieben Minuten ein Pflegedienst vorbeigehetzt kommt. Sondern Pflege heißt dort Zuwendung. Die haben ganz einfach mehr Zeit. Man spricht auch Deutsch. Man ist in den Alten- und Pflegeheimen dort auf deutsche Gäste eingestellt. Du hast dort wunderschöne Landschaften, Bergseen inmitten der Hohen Tatra, du machst Ausflüge in die Wälder, die dort noch nicht von Autobahnen zerschnitten sind, Ausflüge zu den berühmten Holzkirchen. Die Heime sind auch viel großzügiger ausgestattet als bei uns. Es gibt große Wintergärten, weite Flure. Du kannst dein Haustier mitnehmen. Das Angebot an Physiotherapie, Massage, Aktivierungsbäder läßt jedes Seniorenstift in Deutschland erblassen.«

»Wie soll sie das bezahlen?«

»Entspannter als hier. Die Pflegekasse zahlt auch, wenn du im Ausland bist. Eine 24-Stunden-Pflege kostet ca. 900 €. Ich hab mich erkundigt. 600 € wären für betreutes Wohnen zu veranschlagen. Überhaupt: Deine schmale Rente hat dort eine wesentlich höhere Kaufkraft.«

»Aber warum sollte Frau R. ins Ausland, wenn Altenheim oder Pflegeheim ansteht?«

»Was ist besser: In einem deutschen Altenheim von einem radebrechenden Russen, der in Kasachstan LKW gefahren hat und nach Einwanderung hier vom Arbeitsamt gezwungen wurde, auf Altenpflegehelfer umzuschulen, vom Rollstuhl ins Bett gehievt zu werden, oder von einer engagierten, gut Deutsch sprechenden slowakischen Pflegerin, die dich und deine Eigenarten und Gewohnheiten gut kennt im Rahmen der Bezugspflege, in den Schlaf massiert zu werden?«

»Eindeutig Letzteres. Jedenfalls wenn ich ein Mann bin.«

»Sehr witzig. Für Frau R. könnte es genau das Richtige sein: Doch noch in die Ferne gehen, eine komfortable Lebenssituation als alter Mensch zu haben. Und die Kinder, die in Amerika sind, können sie genauso gut in der Slowakei besuchen wie in Deutschland. Wien ist, sagen wir, 80 Kilometer entfernt. Wäre das nicht ein schöner Farbtupfer noch im ohnehin reichhaltigen Freizeitangebot?«

»Du beziehst ihren Mann gar nicht ein.«

»Der taucht ja auch bei dem, was du erzählt hast, nicht auf. Man kann nicht wissen, welche Rolle er für Frau R. im Alter spielen wird. Sicher wäre ich aber, dass sie das Heft des Handelns in der Hand hat. Nicht weil sie dominant wäre. Sondern weil sie eine existentielle Grenze überschritten hat, wenn sie vom Krebs genesen ist. Sie hat dem Tod ins Auge geblickt. Danach ist man ein anderer Mensch, ein neuer Mensch, ein selbstbewußter Mensch. Mit neuer Sicherheit und in aller Gelassenheit kann man jetzt Grenzen überschreiten, existentielle Entscheidungen treffen, bei denen man sich früher lange geskrupelt hätte. Wenn es zu dem Slowakei-Szenario kommt, wird sie es sein, die das entscheidet, und er wird mitgehen, aus Liebe, aus Respekt, aus Einsicht, wie auch immer. Aber die Initiative wird ihre sein.«

12

Frau Y., Migrantin

Emily bringt eine CD mit.

»Oh, heute mit Musik«, sagt Opa.

»Lass dich überraschen.« Emily legt die CD ein. »Nur mal reinhören.«

Opa wippt den Rhythmus mit dem Fuß mit. »Was ist das?« fragt er.

»Anatolischer Rock.«

»Du hast einen Türken interviewt?«

»Eine Türkin. Frau Y. Sie würde allerdings nicht gern als Türkin bezeichnet werden wollen. Sie legt Wert darauf, dass sie die deutsche Staatsangehörigkeit hat. Sie ist hier geboren, in Hamburg. Ihre Eltern waren Mitte der Sechziger eingewandert. Sie hat einen Hamburger Akzent. Sie sagt von sich *Ich bin Hamburgerin.* Ansonsten spricht sie lupenreines Deutsch, differenzierter als mancher Eingeborene. Umso erstaunter war ich, als sie mir am Schluß des Interviews

diese CD schenkte.
Wenn sie über den türkischen Kontext sprach, aus dem sie stammt, waren immer kritische, ja, distanzierende Untertöne dabei. Sie hat vier Brüder und eine jüngere Schwester. Sie und die Schwester sind unverheiratet und leben jeweils allein. Die vier Brüder haben Familie. *Sie können sich vorstellen,* sagte sie, *welchen Menschenauflauf das zu den Festen ergibt.* Es sei ihr immer, schon als Kind, ein Gräuel gewesen, wenn zu Hochzeiten oder anderen Festen an die 500 Leute zusammengekommen seien.
In der Schule habe sie sich geschämt wegen ihrer türkischen Herkunft, beziehungsweise wegen ihren Eltern, die sie als rückständig, im deutschen Kontext unbeholfen und als stur beschrieb. Die Mutter spreche bis heute kein Wort Deutsch, wenngleich sie einiges verstehe. Der Vater spreche Deutsch nur holperig. Auf Elternabenden und anderen Treffen in der Schule sei ihr das immer peinlich gewesen. Besonders die Mutter habe sehr traditionsbewußt gelebt, habe sich abgeschottet auch gegen die nächsten Nachbarn, wenn sie Deutsch waren. Der Vater sei offener gewesen, zum Beispiel was die *alberne Kopftuchgeschichte* betraf, wie sie sich ausdrückte. Trotzdem habe sie Schulfreundinnen nur nachhause bringen dürfen, wenn sie türkischer Abstammung waren, Deutsche auf keinen Fall, und Schulfreunde, Jungs, auch wenn sie türkisch waren, auch nicht.

Und manchmal sei es dann noch kompliziert gewesen: Eine enge Freundin sei zwar türkischer Abstammung, aber alevitischen Glaubens gewesen. Die Eltern, die Muslime sind, seien ihr sehr reserviert entgegengetreten. Die meisten ihrer Schulfreundinnen hätten ein liberaleres, offeneres Elternhaus gehabt, so dass sie sich auch diesen gegenüber oft geschämt habe.

Ihre Mutter wollte, dass sie nachmittags in die türkische Schule geht. *Da werden die Mädchen auf die muslimische Frauenrolle geeicht,* sagte Frau Y. Sie wollte nicht. Ihr Vater habe das schließlich akzeptiert und ein Machtwort gesprochen. Sie habe aber mitbekommen, dass die Eltern sich deswegen oft gestritten hätten. Auch der Vater habe mit großer Distanz zur deutschen Umgebung gelebt. Aber er sei pragmatischer als die Mutter und habe sich geöffnet, wo es ihm nützlich erschien. So sei er zum Beispiel freitags nach der Schicht mit seinen deutschen Kollegen auf ein Bier in die Kneipe gegangen. Sonst habe er nie Bier getrunken. Sie erinnere sich, dass er mit einem deutschen Nachbarn solange geschnackt habe, bis der ihm von seinem Brennholz abgab. Danach habe sie den Vater nie wieder mit dem Nachbarn zusammen gesehen.

Frau Y. hat die Hauptschule besucht und mit Qualifikation abgeschlossen, hätte also noch aufs Gymnasium gehen können. Sie wollte aber möglichst bald

unabhängig werden von der Familie und begann deshalb eine Lehre als Friseuse. Nach der Gesellenprüfung ging sie gleich auf die Meisterprüfung zu, um möglichst bald ihren eigenen Laden aufmachen zu können. In diesem Zusammenhang schlug sie nun selbst kritische Töne an gegenüber deutschen Verhältnissen. So seien die Kundinnen ihr gegenüber oft eine Spur herablassend gewesen. Dies aber bei gleichzeitigem breitem wohlwollendem Lächeln. Aber es sei eben ein blasiertes Wohlwollen gewesen. Sie habe später in der Fahrschule ähnliches erlebt. Deutsche seien – bis auf die Neonazis – nicht offen fremdenfeindlich. Aber es sei ihr oft diese Haltung entgegengekommen, die sie beschrieb als *Schön, Türkin, dass du dich bemühst, eine der unseren zu sein, du wirst es aber leider nicht schaffen.*
Sie habe sich vorgenommen, es doch zu schaffen. Sie habe, schon als sie 16 oder 17 war, die Deutschen beobachtet, wie sie sich die Hand geben, welche Floskeln sie austauschen, wie sie mit der Kassiererin im Supermarkt umgehen und so was ...«

»Sie hat Distanz zu beiden Seiten?«

»Offenbar. Obwohl ihre Identifikation, ihre bewußte Identifikation deutsch ist. Auch ihre Wohnung übrigens gibt keinerlei Hinweis auf ihre Herkunft. Edle, moderne Möbel, sachlicher Stil, ein paar Kunstdrucke an den Wänden, auch die Teegläser sind vom Stil her nicht türkisch.«

»Immerhin sind es aber Tee*gläser.*«

»Frau Y. hat dann tatsächlich schon als junge Frau ihren eigenen Friseurladen eröffnet, der sei gut gelaufen, so gut, dass ihr eine Ausstattungsfirma angeboten habe, dass man zusammen weitere Filialen aufbaut. Ihre sämtlichen türkischen Verwandten seien entsetzt gewesen. *Das kann nicht gutgehen,* hätten sie mit Blick auf das Finanzielle gesagt, aber gemeint hätten sie *So was macht ein türkisches Mädchen nicht, sich in die männliche Geschäftswelt zu begeben.* Letztlich sei gerade in dieser Zeit noch mehr Distanz zu ihren Verwandten entstanden. Sie habe sich durchgesetzt und heute manage sie vier Friseurläden in der Stadt. Sie sei ständig unterwegs. Es gebe oft Probleme mit dem Personal. Über die Hälfte der Azubis breche nach ein paar Wochen die Lehre ab, und zwar kommentarlos. Die kämen dann einfach nicht mehr. Und sie habe lernen müssen, Autorität zu zeigen. Selbst eigentlich moderne Deutsche, die ihre Angestellten sind, könnten sich manchmal dieses herablassende Wohlwollen nicht verkneifen. Bisher habe sie sich aber immer Respekt verschaffen können durch ihre Kompetenz.
Sie lebt alleine. Ihr Berufsleben als Selbständige lasse ihr wenig Zeit für Privates. Nur ihre inzwischen zahlreichen Nichten habe sie oft zu Besuch, zum Shoppen, zum Schnacken, zum gemeinsamen Eintauchen in angesagter Musik. – Neffen würde

man natürlich nicht zu ihr zum Besuch lassen. Außerdem beobachte sie, dass die religiöse Orientierung in der zweiten und auch in der dritten Generation zunehme in den letzten Jahren. Sie sehe das unter anderem daran, dass wieder mehr darauf geachtet werde, die männliche und die weibliche Welt getrennt zu halten. Die Neffen wollten von sich aus schon gar nicht kommen.
Als ich sie nach ihren Plänen für ihren Ruhestand fragte, sagte sie sofort, ich hatte die Frage noch nicht zuende formuliert: *Vielleicht sollte ich mal in die Türkei,* und erschrak offensichtlich selbst darüber. Wenn ich mich nicht täusche, wurde sie sogar etwas rot im Gesicht. *Nur ein Scherz,* schob sie nach.«

»War es nicht.«

»Nein, war es nicht.«

Zurück in die Türkei?

»Nein, das war es nicht«, sagt Opa. »Wir sollten daran ein erstes Szenario knüpfen für ihr Alter. Sie hat ein Heimatbedürfnis. Aber wo ist ihre Heimat? Was ist für eine Migrantin der zweiten Generation, die sich so willensstark um ihre Integration hier in Deutschland bemüht hat, eine Heimat? Im Alter hat man ohnehin, auch wenn man kein Migrantenkind

ist, ein Wurzelbedürfnis. Vielleicht mit ein Grund, weshalb alte Leute so gerne aus ihrer Vergangenheit erzählen. Wenn ich weiß, was meine Wurzeln sind, bin ich sicher und aufgehoben. Auch wenn oder gerade wenn mich mein Leben weit von meinen Wurzeln weg geführt hat, möchte ich mich im Alter ihrer versichern.
Es scheint mir nicht unrealistisch, dass Frau Y. sich zu Beginn ihres Ruhestandes entschließt, in die Türkei umzusiedeln. War sie schon mal da?«

»Nur kurz zur Beerdigung eines Onkels.«

»Die Frage wird sein, ob sie dort wirklich Heimat findet. Ihre Werte, ihre Haltung, ihr Rollenverständnis, ihr Denken sind durch und durch westlich. Eine Auswanderung in die Türkei kann eigentlich nur in einem westlich orientierten Teil der Türkei gutgehen. Sie wird also nach Istanbul ziehen, auf die europäische Seite, sich vielleicht eine Wohnung nehmen nahe dem Taksim-Platz in Beyoglu. Aber auch da wird sie allenfalls an die Oberschicht Anschluß finden. Für die sogenannten einfachen Leute, erst recht auf dem Land, wäre sie eine Exotin. Eine alleinstehende, unabhängige Frau mit Geld – da dürfte es selbst in Istanbul nur sehr begrenzte Kreise geben, die ihr vorurteilsfrei begegnen. Es gibt Geschichten von türkischen Rückwanderern, die von ihrer Verwandtschaft dort wie Verräter behandelt

wurden. Aber auch ohne solche Dramatik würde Frau Y. sich sehr umstellen müssen: Bekanntlich hat man in der Türkei zum Beispiel eine andere Auffassung von Privatleben. Privates Leben und öffentliches Leben sind nicht so getrennt, wie das hier üblich ist. Und *privat* heißt nur *familiär.* Das heißt, zwischen Mitgliedern einer Familie, auch wenn sie nicht direkt zusammen wohnen, gibt es keine Privatheit. Frau Y. könnte sich bald beobachtet, wenn nicht kontrolliert fühlen. Alleine ausgehen als Frau, ist auch im modernen Istanbul prekär.
Nehmen wir an, es gibt ein paar weitläufige Verwandte dort. Wird sie wirklich aufgenommen? Ist man sich nicht vielleicht fremder, als wenn man als deutschstämmiger Tourist dorthin kommt? Wenn du als deutscher Tourist durch die Türkei reist oder selbst wenn du als Deutscher oder Deutsche, sagen wir, aus beruflichen Gründen in der Türkei lebst, bist du explizit fremd, aber gerade deswegen in deinen Eigenarten und Gewohnheiten für die Einheimischen eher tolerierbar oder sogar interessant, als wenn du als Türke oder Türkin zurückkommst. Da wird Gleichheit oder zumindest Angleichung erwartet. Da kann schnell ein sozialer Druck entstehen, der in Ausgrenzung umkippen kann, wenn du dich nicht anpasst.«

»So dramatisch muß es ja nicht werden. Aber ich kann mir auch vorstellen, dass ein Beigeschmack von Fremdheit, auf beiden Seiten, bleibt.«

»Immerhin gibt es Türkei-Rückkehrer, die nach wenigen Jahren doch wieder nach Deutschland umsiedeln. Das scheint mir besonders im Alter tragisch zu sein. Tragisch auf dem Hintergrund des Wurzelbedürfnisses. Bei Frau Y. ist zudem gar nicht eindeutig, was oder wo ihre Wurzeln sind. Selbst wenn sie Anschluß an *das Türkische* sucht in ihrem Alter, wo ist es? Muß es in der Türkei selbst sein, die in Teilen, besonders eben in einer Stadt wie Istanbul, keineswegs mehr so türkisch ist, wie Frau Y.´s Eltern türkisch sind. Also ist doch ihr Elternhaus, das türkische Elternhaus in Deutschland mit der weit verzweigten Verwandtschaft, ihre Wurzel? Es wird dich überraschen, Emily, da ich sonst ja sehr die Freiheiten des Alters hervorhebe, – ich sehe hier wenig Freiheitsgrade. Frau Y. könnte sich in einem Dilemma befinden, das nicht auflösbar ist, jedenfalls was die Frage der Heimatsuche betrifft.«

Heimat in der Religion?

»Vielleicht kann sie es noch anders auflösen als durch den Versuch der Umsiedlung.«

»Laß hören.«

»Ich stelle mir vor, sie kann Wurzel und Heimat

auch dadurch aufsuchen, dass sie in Deutschland in das religiöse Leben einsteigt. Schließlich kann die Religion die Heimat sein.«

»Du meinst, sie fängt jetzt, zu Beginn ihres Ruhestands, erst einmal damit an, sich mit dem Koran zu beschäftigen?«

»So, oder einfach, indem sie in das Gemeindeleben eintaucht. Sie lernt im Gemeindehaus oder von verwandten Frauen türkische Mahlzeiten zuzubereiten, die berühmte Paste aus Olivenöl, Chili, Kümmel und Walnüssen, zum Beispiel. Wenn ihre Eltern noch leben, wird sie sich immer mehr bei ihnen aufhalten, gerade zu den Mahlzeiten und deren Vorbereitung. Immerhin sind türkische Mahlzeiten Familien- und Verwandtentreffen. Da kommen – für uns nicht denkbar – auch ohne explizite Einladung nahe und fernere Verwandte zum Abendessen dazu, das aus mehreren Speisen und Gängen besteht und sich über Stunden hinzieht.«

»Wird sie damit wirklich wieder – oder eigentlich erstmals – eine der ihren sein? Ist sie nicht auch in diesem Szenario nur die Umkehrerin, deren *Erwachen zur Sprache Allahs,* wie die religiösen Türken sagen, ohnehin längst fällig war? Würde es als freier Entschluss gesehen werden, wie sie selbst es meint, oder wird ihre Rückkehr missverstanden als Ausdruck später Einsicht und Reue?«

»Kann sein. Besonders bei den Alten könnte es so sein, denen Frau Y.´s berufliche Selbständigkeit und innere Unabhängigkeit schon immer ein Dorn im Auge war.«

»Wenngleich dieselben Alten wahrscheinlich auch stolz waren, dass eine der ihren beruflichen Erfolg in Deutschland erreicht hat.«

»Trotzdem. Ihre Freiheit, sich im Alter für ein religiöses Leben zu entscheiden, wird ja nicht dadurch geschmälert, dass andere denken, sie tue ohnehin nur, was sich schon längst gehört habe.«

»Dennoch wäre es ein Missverständnis und damit eine Art Barriere, ein Hindernis für ihre volle Integration in ihre Herkunft. Es ist ein Hauch von Heimatlosigkeit über einem solchen Leben, der so oder so wohl nicht abzuschütteln ist. Andererseits: Vielleicht kann sie gerade diese Sonderrolle für sich fruchtbar machen. Sie könnte eines Tages Religionsunterricht für türkische Mädchen geben in der Gemeinde. Und sie könnte das auf eine Weise tun, die das Selbstbewußtsein der Mädchen unterstützt. Sie könnte eine Diskussion anstoßen in der Gemeinde über die Rolle der Frau im Islam oder über die Spannung zwischen Assimilation in Deutschland und Bewahrung der eigenen Wurzeln.«

»Ob ihr neues, altes Umfeld das goutiert?«

»Wie auch immer: Sie hat eine Sonderrolle und könnte die Möglichkeiten ergreifen, die in diesem Status liegen. Das wäre jedenfalls besser, als die Sonderrolle zu verleugnen. Sie hat schon mit ihrem beruflichen Werdegang, wie du ihn geschildert hast, eine Sonderrolle. Sie hätte bei Rückkehr in die Türkei eine Sonderrolle. Und sie wird eine Sonderrolle haben, wenn sie sich im Alter entscheidet für ein religiöses Leben, ein Leben in der Gemeinde. Deshalb waren oder wären solche Entscheidungen ja nicht falsch. Aber sie wird erleben, dass es eine selbstverständliche, unhinterfragte Heimat nicht gibt. Man könnte das sogar als sehr modern bezeichnen. Wir Alten, die hier geboren sind, hier gelebt haben und hier sterben werden, haben natürlich zunächst einmal eher so etwas wie Heimat als eine Migrantentochter. Aber möglicherweise machen wir uns etwas vor: Nicht bloß äußerlich hat sich das verändert, was wir als Heimat betrachten, auch die Lebensauffassungen, der Lebensstil haben sich stark gewandelt. Ich könnte behaupten, Vieles ist oberflächlicher geworden, schon weil heute alles schneller gehen muß. Ist das wirklich noch Heimat, wenn ich zwar immer noch in der Kleinstadt lebe, in der ich geboren und aufgewachsen bin, inzwischen aber eine Schnellstraße durch den Ortskern führt, ich nur mit dem Auto zum Einkaufen gelange, weil der einzige Supermarkt am anderen Ende der Stadt liegt, und wenn ein Drittel meiner Nachbarn Russen oder eben Türken sind? Wenn die Heimat sich so stark verändert, dann bleiben, was das Bedürfnis betrifft, sich seine Wurzeln zu vergegenwärtigen, tatsächlich nur die Erinnerungen. Dann kramt man in alten Fotoalben und nervt seine Kinder und Kindeskinder mit den Geschichten von damals ...«

»Bevor du jetzt vollends melancholisch wirst, Opa, möchte ich dich daran erinnern, dass eben solche Veränderungen zu dem beitragen, was du die Freiheiten des Alters nennst. Äußere Veränderungen können innere Veränderungen hervorrufen.«

»Ich werde es mir aufschreiben.«

Emily lacht. »Schön, dass auch alte Leute frech sein können.«

Die neue Heimat: Kofferpacken

»Aber du hast recht. Gehen wir von der Heimatfrage weg und entwerfen noch ein ganz anderes Szenario für Frau Y.´s Alter. Gibt es denn keinen Mann in ihrem Leben?«

»Wie gesagt. Sie lebt allein, hatte keine Zeit dafür.«

»Dann sollten wir einen einführen. Immerhin ist sie erfolgreiche Geschäftsfrau, weit gereist, hat Tagungen besucht, Kongresse, Unternehmerveranstaltungen. Stellen wir uns vor, kurz vor dem Ruhestand funkt es. Auf einer Tagung der regionalen Unternehmerschaft. Es ist ein Unternehmer, dessen Firma die Waschbecken und Spiegel für Friseursalons herstellt ...«

»Ein spätes Glück?«

»Wenn du *spät* sagst, klingt *zu spät* mit. Aber bis dahin hat eine Partnerschaft eben nicht in ihr Leben gepasst. Jetzt, wo sie sich überlegt, ob und wie sie ihre Ladenkette aufgibt, könnte es passen. Und um dann doch das Heimatthema noch mal aufzugreifen: Auch eine Partnerschaft kann Heimat geben.«

»Oh, jetzt wird´s schaurig-kitschig-schön. Erzähl weiter.«

»Wie auch immer. Es wäre eine Anknüpfung: Schließlich hat ihr ein solches Unternehmen, wie es der Herr hier vertritt, damals zum Aufbau der Ladenkette verholfen. Vielleicht kommt man zunächst erst über das Beruflich-Geschäftliche zusammen. Beide stehen vor dem Ruhestand. Beide wollen ihre Firma veräußern. Man kauft ein Haus oder eine Penthouse-Wohnung, mitten in der Stadt. Er bringt einen großen Freundeskreis mit.«

»Party?«

»Vielleicht. Eher Reisen, Entspannung, gemeinsam die Welt entdecken. Man reist auch in die Türkei.«

»Er ist auch Türke?«

»Würde ich annehmen. Auch emanzipiert und assimiliert. Es hat doch seinen eigenen Charme, wenn ein türkisch-stämmiges Paar mit einem deutschen Reiseveranstalter eine Trekking-Tour bucht an den Schwefelquellen des Euphrat vorbei zum Ararat. Da werden sie bestimmt die einzigen Türken sein in der Reisegruppe. Vielleicht nimmt man sich auch eine Zweitwohnung in einem Edel-Viertel von Istanbul, wo sie sich zwei bis dreimal im Jahr für einige Wochen aufhalten.«

»Wurzel- und Heimatsuche auf eine lockere Art.«

»Auf eine unkomplizierte Art, sagen wir mal. Man akzeptiert die eigene Sonderrolle und genehmigt sich trotzdem ein Interesse an den Wurzeln.«

»Und hat auch das Geld dafür.«

»Soll nicht verboten sein.«

»Wie würde ihre Verwandtschaft auf dieses Späte-Partnerschafts-Szenario reagieren?«

»Ich schätze, mit Stirnrunzeln. Oder mit Stolz. Oder mit beidem. Immerhin ist er auch türkischer Abstammung. Insofern bleibt die Welt heile.«

»Also, Penthouse-Wohnung, Reisen, Stippvisiten ins Loft in Istanbul. Das ist dann ihr Alter?«

»Warum nicht. Sie würde sich insofern treu bleiben, als sie bei den skizzierten Bedingungen - beide haben Geld, beide sind emanzipiert – ihre Unabhängigkeit erhalten würde. Wenn man tragisch gestimmt ist, kann man den Unterton von Heimatlosigkeit auch hier hören. Wenn man modern eingestellt ist, hört man den Grundton der Eigenständigkeit. Der moderne Mensch ist auf sich gestellt. Heimat ist da, wo er ist. Das auch im Alter fruchtbar zu machen, darauf kommt es an.«

»Jetzt hab ich auch etwas zum Aufschreiben«, sagt Emily.

Nachrede

Auf Opa Theos 90. Geburtstag lernen Emily und sein Freund Norbert sich kennen. Theo geht in den Keller, um eine Flasche Rotwein heraufzuholen. »Sind Sie die junge Frau, die diese verschiedenen Altersvarianten niedergeschrieben hat?«, fragt Norbert.

»Ja, Opa Theo hat mir sehr dabei geholfen.«

»Meinen Sie denn, dass eine einzige von diesen Varianten, die Sie sich mit Theo zusammen ausgedacht haben, Wirklichkeit wird?«

»Darauf kommt es nicht an«, sagt Emily. »Es sollten Möglichkeiten aufgezeigt werden.«

»Der alte Fuchs«, sagt Norbert. »seine Spekulierfreude hat er sich auch im Alter nicht nehmen lassen.«

Opa Theo hört es, als er die Kellertreppe heraufkommt. »Was heißt hier Spekulierfreude? Was man braucht, fürs Alter, im Alter, das sind Visionen.«

»Hört, hört! Ein kühnes Wort«, sagt Norbert, »Vorerst geht meine Vision für dein Alter und mein Alter, mein lieber Theo, dahin, dass du noch ein mal in deinem Leben den Rotwein rechtzeitig aus dem kühlen Keller holst.«

»Ich weiß, du trinkst ihn gerne handwarm.«

»Das nicht, aber in Zimmertemperatur. Jeder außer dir trinkt ihn gerne in Zimmertemperatur.«

»Tja, da wirst du wohl eine Weile vor dem vollen Glas sinnieren müssen ...«, sagt Opa und lächelt schelmisch.

Dank

Ich danke meiner Frau, Helga Köster-Wais. Sowieso. Speziell hier aber dafür, dass sie ihre Erfahrung als gerontopsychiatrische Fachkraft zur Verfügung gestellt hat.
Meinem Freund seit Schultagen, Prof. Dr. Wolfgang Schneider, Hildesheim, danke ich für seine stilgetreuen Kommentare und Hinweise.

Mathias Wais

Zehn weitere Titel von Mathias Wais bei GESUNDHEITSPFLEGE initiativ erschienen:

ISBN

Das Ich findet sich, wenn es sich loslässt

978-3-932161-71-1

Über den roten Faden im Leben

Was unterscheidet Schicksal von Zufall? Wie passen Freiheit und Schicksal zusammen? Kann man sein Schicksal auch verpassen? Weshalb entsteht Ehe bzw. das Soziale gerade da, wo es zwischenmenschlich nicht klappt? Was charakterisiert einen roten Faden? – Wo ist er zu finden, und wo nicht? Wie greift man ihn zukunftsorientiert auf? Inwiefern sind wir das, was wir noch nicht sind? Was kennzeichnet die Paradoxie unseres Ichs? Weshalb sollten wir die Sehnsucht nach der Eindeutigkeit unserer Persönlichkeit besser loslassen?

Karma und Begegnung

978-3-932161-31-5

»(...) Zwei Menschen, eine Frau und ein Mann, meist sehr unterschiedlichen Alters – er ist 40 oder 50 und sie 25 oder 30 –, beide bisher in stabilen Beziehungen und Verhältnissen, begegnen sich in einer rauschhaften Weise. Es ist nicht nur die berühmte Liebe auf den ersten Blick, sondern es liegt noch etwas anderes vor: Die Beteiligten erleben ihre Begegnung als ein alles umstürzendes Wiedererkennen... Nie habe man sich mit einem anderen Menschen so gut verstanden; fast ohne Worte und Erklärungen könne man sich verständigen. Und zuverlässig fällt die Bemerkung: *Unsere Begegnung muss karmisch bedingt sein.* (...)«

Mobbing - **Der kollektive Doppelgänger**

nur als E-Book erhältlich - siehe www.gesundheitspflege.de

Die Kraft der Krise *(mit Michaela Glöckler)*
Männliche/weibliche Potenziale sich neu zu (er-)finden
Kaum ein Leben, das nicht irgendwann einmal aus der Bahn gerät. Steckt man in einer persönlichen Krise, will man nicht nur wissen, wie es dazu gekommen ist. Vielmehr will man den Umstand der Krise in einem Sinn-Zusammenhang mit dem künftigen eigenen Leben erkennen. Das Bedürfnis nach solchen Antworten aus der Zukunft nimmt heute – berechtigterweise – enorm zu.

ISBN 78-3-932161-70-4

Dialogisch erziehen
Beziehung und Methode in der Erziehungspraxis
Dieses Buch kann den Erziehungsalltag von Grund auf verändern. Es befreit von – oft belastenden – Mythen, was Erziehung leisten kann und soll. Gleichzeitig vermittelt es konkrete Anregungen, wie Kinder als Persönlichkeiten – mit ihren individuellen Sichtweisen, ihrem Erleben und Wollen – auf fruchtbare Weise ernst genommen und damit nachhaltig gefördert werden können. Ein entlastendes, einleuchtendes und Hoffnung stiftendes Buch!

978-3-932161-78-0

Das Kind ist der Zukunft näher als der Erwachsene
Wie kommt man zu einer inneren Haltung, die mehr auf die Zukunftschancen unserer Kinder vertraut, statt sich in vage Vorstellungen über mögliche Zukunftsgefahren verliert? Was ist der eigentliche Auftrag einer modernen (Waldorf-) Schule heute? Wie kann ein Lernfeld geschaffen werden, das Kinder zur Ausbildung souveräner Weltoffenheit und Selbständigkeit verhilft? Im Schlussteil des Buches werden Elternfragen ausführlich beantwortet.

978-3-932161-32-2

ISBN

Weitere Titel von Mathias Wais bei GESUNDHEITSPFLEGE initiativ erschienen:

978-3-932161-75-9

Wie werden aus Jungs richtige Männer
und wer ist dafür zuständig? *(mit Meier + Grah-Wittich)*
Was ist für Männer schon ab dem Kindesalter besonders wichtig? Wie fühlt sich die Welt für einen Jungen an? Welche herausragende Bedeutung hat Scham im Leben von Jungen? Was würden Väter anders machen, wenn sie dürften? Wie kommen wir zu reinen männerspezifischen Erziehung von Jungs? Was kann JungenInitiation heute bedeuten?

978-3-932161-12-4

Entwicklung zur Sexualität
Begleitende Erziehung und Aufklärung
Wie können Kinder und Jugendliche in ihrer Entwicklung zu einer authentischen Sexualität begleitet werden? Wann soll man wie aufklären? Der zweite Teil der Schrift bietet Orientierung für das Gespräch mit Jugendlichen und kann auch von diesen selbst mit viel Gewinn gelesen werden.

978-3-932161-26-1

Sexueller Missbrauch
Symptome, Prävention, Vorgehen bei Verdacht
Wo beginnt sexueller Missbrauch? Wie kann durch Erziehung dem Missbrauch vorgebeugt werden? Woran erkennt man ein Missbrauchsopfer? Wie geht man mit einem Verdacht um? Ist sexueller Missbrauch "Karma"? Die öffentliche Meinungsbildung zum Thema Missbrauch ist stark beinflusst durch eine sensationsheischende Berichterstattung in den Medien, welche lediglich das erlebte Grauen erneut ausbreitet, ohne sinnvolle Perspektiven aufzuzeigen. Um so wichtiger dieses Buch, dessen Inhalt heute zur Allgemeinbildung gehören sollte.

978-3-932161-08-7

Sinn und Unsinn der Ehe heute
- siehe vordere Umschlagklappe und unter: www.gesundheitspflege.de